「三権分立論」の虚妄性

西尾　孝司

国会は〈国権の最高機関〉である

公人の友社

はじめに

二〇〇九年八月三〇日に行なわれた衆議院総選挙で、麻生太郎政権が大敗し、鳩山由紀夫代表が率いる民主党を中核とする野党連合が勝利した。その結果、二〇〇七年七月の参議院選挙によってつくられたいわゆる「衆参ねじれ国会」は、一応は、解消された。これは、日本の政治の安定化をもたらすと期待された。しかし、二〇一二年一二月の総選挙によって民主党が大敗して、自民党政権の復活となった。政権はただ単に安定すればよいものではない。自民党統治下の政治的安定は、ときには、国民の多くの要求や願望を切り捨てる役割を果たしてきたともいえる。それは、〝擬似一党独裁政権〟であって、政権与党にくみしなければ、補助金という名のご利益にあずかることはできなかった。

「ねじれ国会」は、そのような安定政権の配当という常識を打ち破ることになった。たしかに国会は与野党が激突して混乱ないしは停滞したけれども、それまでは国民に隠されてきた多くの事実が次第に明らかにされた。こうして政治の風景ががらりと変わったのである。健全な民主政治にとっては、ねじれ国会または政権交代がむしろ望ましいのである。また、ねじれ国会や政権交代は、日本国憲法が想定する政治方式でもある。憲法にとっては、ねじれ国会はむしろ当たり前の国会状況であった。そのために、憲法第五九条・六〇条・六一条・六七条にみられるような衆議院の優越規定が設けられているのである。

自民党一党による長期政権の結果、国民はそれまでの「衆参一致国会」を当然のことと考えてきた。ねじれ国会は〝晴天の霹靂〟だったのである。今、日本国民に求められていることは、この〝晴天の霹靂〟に賢く対応してゆくことである。〝晴天の霹靂〟をどのように飼い馴らしてゆけるか、ということである。これに成功すれば、日本の民主政治はさらなる進化を実現することができるであろう。

それでは、衆参両院の与野党は、これからはどのような活動指針にもとづいて行動すればよいのであろうか。

それは、結論的にいえば、どのようにすれば〝激突型〟を回避することができるか、ということに尽きる。激突型がつづく限り、衆参両院の与野党は真正面から激突しつづけることになるであろう。これでは、〝政治とは闘争である〟とする国会内外における〝闘争〟が常態化する。そのような闘争は、勝者が決まるまで果てしなくつづくであろう。しかし、そのような政治は、国民無視の党利党略政治に堕するものでしかない。つまり、与野党の激突型国会は、国民生活を軽視する可能性が大きいのである。

ところで、「ねじれ国会」が解消されるケースは、以下の四つのケースが考えられる。

①大連立政権……これは与野党が衆参両院において連立政権をつくる形となる。

これは、二〇〇八年、福田康夫首相と小沢一郎民主党代表の間で合意されたが、民主党内の拒否にあい、実現しなかった。

②衆議院の多数派（つまり政権与党）が参議院でも多数派を占める場合。

③参議院の多数派が衆議院でも多数派を占める場合。

④上記①②③を実現するための政界再編成。

それにもかかわらず、ねじれ国会が解消されることがない時は、国会内の与野党はどのような行動原則によって国会運営にあたればよいのであろうか。〝激突型国会〟を回避する賢いルールを慣習として積み上げてゆくことこそが望まれる。

〝激突型国会〟を回避しうる方策は、衆参両院または与野党で激突・対決するような法案を双方が〝取り下げる〟うちにある。この方策こそが、民主政治がめざしている《憲政の常道》ではないか。

激突型の法案等については、国会の会期終了後を含めて次期国会の「宿題」とするのが上策である。

また、国民投票法を制定して、どうしても話し合いがつかない対決法案については、国民の直接投票によって決着をはかる政治方式をつくることが望まれる。

一九九〇年代の東西冷戦の崩壊によって、日本はもとより欧米諸国においても与野党の政策上のギャップはほとんど消滅したといえる。今日の政策上の論争は、①その優先順位、②その目標数値、③その実現方法、④外交政策、⑤防衛政策にある。しかしながら、④⑤を除く①②③については、与野党の激突を回避することが比較的に容易であるように思われる。ここでは、後述するように、衆参の「両院協議会」の活性化を提案しておきたい。

事実上の永久政権を誇ってきた自民党は、政権から下野することに大いなる恐怖心をもっているようである。しかしながら、政権交代がひんぱんに行なわれることは、むしろ、内外情勢が激変する時代の要請に応えるものであるとする発想への転換が求められている。

政権交代はなぜ望ましいのであろうか。その前に政権交代がなかった時代の日本についてふれておこう。戦後の自民党の事実上の一党独裁体制にあっては、政・官・財の癒着が進行した。そして、そのような癒着によってつくられた〝官僚内閣制〟・〝談合〟・〝もたれ合い〟・〝天下り〟が、日本国の政府構造を作り上げてきたのであった。それは、憲法が規定する国民主権をまったく無視するものであった。それでも自民党政権がつづいてきたのは、そのような権力構造から除外された圧倒的な大多数の国民は国が自民党と官僚組織によって食いものにされてきたことに気づかなかったからである。政権党は、自分にとって不利な情報を国民には公開しなかった。つまり、そのような情報は国民には秘匿されたのである。

政権交代は、そのような〈腐敗・癒着構造〉を摘出して、これを是正する最もよい機会をつくる。政権交代なくしては、政治の浄化・倫理化・政策転換はありえないのである。

政権与党の国会議員は、たえず政権交代を恐れている。だが、政権交代こそが、その政権担当期間における《政治的潔白》を証明するものとなる。

これを逆にいえば、やましいことをやってきた政治家こそが、これを隠蔽しようとして権力の座にしがみついていくといわざるをえないのである。

これからの政治家に求められていることは、《虚心坦懐》にして《すべてを公開する》ことである。政治家は、国民に公開できないことは自己抑制すべきであり、国民の審判に堪えられないことはタブーとする政治姿勢が求められている。その意味では、「ねじれ国会」はむしろ望ましい政治形態であるといえる。ねじれ国会においては、すべての政治家に倫理的な政治姿勢を要求できるし、情報公開を要求できるからである。

衆参両院のいずれかに政権与党と対決する野党が過半数を占めているというねじれ状況は、その野党が次の選挙で政権党となりうる可能性を表現している。そのような状況において、「互譲の精神で」とか「政局ではなく政策論争を」といわれても、にわかに、そのようなスタンスに応ずることは困難であろう。与党はなにがなんでも政権を維持したいであろう。逆に、野党は、政権獲得をめざしてあらゆる政略を駆使することになる。ねじれ国会のもとでは与野党に互譲の精神を求めることは、まことに困難なことである。しかし、今は、そのようなねじれ国会という困難な政治情況を賢く解決しうる知恵が与野党双方に求められている時である。

野党とは、そもそも、英語では〝オポジション〟である。それは〝反対党〟を意味する。反対党が与党にすり寄り、大連立をめざそうとすることはあまりにもこざかしい〝禁じ手〟である。それは、野党に一票を投じた有権者をないがしろにするものである。

これをサッカーに例えてみよう。常勝チームAに対して、ナンバー2のBが決勝戦に臨もうとしている時に、両チームが「勝負にはこだわらない」と約束して試合に入ったとすれば、各チームのサポーターにとっては全く緊張感を欠いた〝なれあい試合〟とうつるであろう。スポーツの世界では、「勝つか」・「負けるか」のどちらかしかない。

政治の世界においても、与野党が《政権》に執着しないならば、政治的緊張感は全く失われてしまうであろう。その上、国政上の政策論争がなくなってしまう。与野党が対決しつつ政策論争を展開することこそが、政治の活性化をもたらすのである。今、日本の国会に求められている課題は、そのような対決と論争の中から新しい解決点を発見しようとして努力することである。その大前提として、「国会は《言論の府》である」ことを確認しておきたい。成熟した民主的議会政治のプロセスは、与野党の対決→討論→調整→妥協という形となるであろう。

ところで、「ねじれ国会」の出現は、それまでの自公連立政権にとってはどのようなインパクトをもっていたのであろうか。それは、連立政権与党内での公明党のウエイトを高めた。もし同党が連立政権から離脱するならば、連立政権自体の崩壊のみならず自民党は政権から下野せざるをえなくなるからである。自公連立政権は、「ねじれ国会」はありえないとする大前提で、その蜜月連携を誇示してきたのである。

公明党は、ねじれ国会出現後、その政策要求をエスカレートさせていった。福田首相は同党の政策要求と野党との対決のはざまで、結局は、辞任に追い込まれた。福田内閣の崩壊の原因は、ねじれ国会に加えて、自公連立政権にあったというべきであろう。その意味では、日本の政党は、まず、連立政権の連携方策について学習する必要がある。安易な「数あわせ」でつくられた連立政権は、すぐに崩壊するという教訓を忘れてはならない。ついで、ねじれ国会での与野党対立の調整方法を学習することが求められている。

それにしても、二〇〇七年七月に現出したねじれ国会は、自民党支配に対する国民の批判の結果である。国民は、戦後六〇年にわたる自民党支配に「ノー」という判断を下したのである。

自民党支配の毀誉褒貶を簡単には総括することはできない。ここでは、これを単純化してまとめておきたい。

そのメリットは、日本を世界有数の中進国型の経済大国に発展させたところにある。そのデメリットは、高度経済成長による税収増によって政府予算が増大し、それが〝バラマキ〟にふりむけられたところにある。ついで、バブル景気崩壊後の景気回復をめざした赤字国債の大増発によって、今日の日本は財政的には〝袋小路〟に陥ってしまった。これによって〝バラマキ財政〟の時代もまた終焉する。これは、バラマキに寄生してきた有権者の自民党からの離反をもたらす。「カネの切れ目が縁の切れ目」となる。日本の政治は、ようやく、「カネの縁」から解放されつつある。

本書は、ねじれ国会による国会の混乱、および、政府の膨大な赤字国債を問題契機としている。本書の目的は、国会↓内閣（＋官僚制）↓裁判所の抜本的な改革なくしては、日本の政治的・経済的な活力は阻害されてしまい、かつ、巨額の累積債務は増大しつづけるであろうとする前提のもとに、それではどのようにすればそのような困難な課題を解決することができるかということを、『日本国憲法』第四一条における「国会は国権の最高機関」であるとする規定をめぐる新解釈によって説き明かそうとするところにある。

目次

はじめに……3

第一章　国会は国権の最高機関である……15

国会の権限を軽視する日本型「三権分立論」／政治的美称説という学説／国会が国権の最高機関であるとする法的論拠／近代政治思想史にみる「国会が国権の最高機関である」の論拠／憲法を空洞化する日本の憲法学者たち／〝三権分立論〟という虚妄から脱却を

第二章　国会内閣制に転換しよう……27

官僚内閣制と国会内閣制という用語／国会内閣制への転換を促す背景／閣議あっての閣議なし　事務次官会議と花押閣議／行政責任を負うことはない事務次官会議の慣行／連帯責任内閣制とは／「族議員」は官僚優位の中で生まれた鬼子／求められている国会内閣制への大変革／国会内閣制への改革　その方向

性／首相権限の強化は官僚組織の権限強化をもたらす／すべての国権は、国会から始まる

第三章　三権分立論は憲法を否定する誤解である……49

「三権分立論」は国会否定の論理／J・ロックの権力分立論／ブラックストーンの混合政体論／モンテスキューの権力分立論／ベンサムの権力一元論／日本の官僚統治型三権分立

第四章　国会は行政監督権をもっている……72

内閣に対する国会の行政監督権／画期的な歴代内閣政府見解からの大転換

第一節　国家公務員の罷免権を国会と市民の手にとりもどそう……75

制度化されていない公務員罷免権／大臣に対する解任決議に法的拘束力を与えよ／ベンサムが重視した国民の公職者罷免権

第二節　国政調査権を活性化させよう……79

ザル法・議院証言法／憲法第六二条・国政調査権の内容／国会法第一〇四条は

政府与党の「隠れみの」
第三節　国会は決算委員会を活用しよう …… 87
決算委員会は〝開店休業中〟／国政全般に及ぶ決算委員会の権限／衆参両院の決算委員会の活性化の方策
第四節　内閣不信任決議権こそが究極の行政監督権である …… 91
解散権とは何か／「七条解散」は憲法第六九条を蹂躙する

第五章　ベンサムの議会改革論 …… 95

第一節　ベンサムの「最高立法議会」構想 …… 95
ベンサム『憲法典』と日本国憲法／ベンサム『憲法典』が日本で紹介されなかった理由／権力分立論を根底的に排除／《世論法廷》への期待　情報公開制／日本の国家公務員法は結果責任を問うことのない無責任法／ベンサムの「最高立法議会」構想と現代日本の憲法状況／日本の閉塞的な政治状況の問題点／勲章は差別社会をつくる元凶
第二節　イギリス急進主義の形成 …… 119
カートライト『選択せよ！』／ペイン『人間の権利』／一九世紀初頭のイギリ

ス下院の状況
第三節　ベンサムと哲学的急進派……128
ベンサムとジェームズ・ミル／『ウェストミンスター・レヴュー』
第四節　ジェームズ・ミルの議会改革論……131
ミル『政府論』における政府の一般理論／イギリス議院内閣制形成の前史／官僚組織が国会を操縦する日本の憲法慣行／国民主権とは、本来的に《二元的》政治構造をつくろうとする論理
第六章　国会を《討論の場》として再構築しよう……143
日本の国会は官僚統治型の三権分立論を鵜呑み／《討論の場》としての議場のつくり方／国政全般の方針についての討議と決定は、首相ではなく、国会の固有の権限／国会の第一義的な課題は国会の誇りと名誉（プライド）を確立すること
あとがき……153

第一章　国会は国権の最高機関である

日本国憲法第四一条は、「国会は、国権の最高機関であって、国の唯一の立法機関である」としている。

憲法上での国権の機関としては、国会と、内閣と、裁判所がある。これにあえて加える機関があるとすれば、会計検査院がある。

国会の権限を軽視する日本型「三権分立論」

日本のときには講壇法学者といわれる大学で憲法を講ずる学者たちの多くは、国会の最高機関性を認めようとしない傾向が強い。かれらは、国会の権限をなるべく消極的に解釈して、国会を内閣と裁判所と対等平等関係において位置づけようとしてきた。その背景には、いわゆる日本型の三権分立論がある。

しかしながら、そのような日本型の三権分立論は、明治憲法以降、憲法学者たちが一九世紀は後進国だったドイツ国法学をモデルとしてつくりあげた時代錯誤の主張にすぎないといわなければならない。一九世紀ドイツ国法学によれば、国家権力は立法権と司法権を除いて行政権が担うとしつつ、行政権つまり官僚機構の権限拡大を正当化していた。なお、権力分立論については、第三章において、さらに詳しくふれることにしたい。

憲法第四一条を素直に読めば、国会は国権の最高機関であって、内閣と裁判所に優越する機限をもっている、という解釈にゆきつくはずである。ときには〝三権の長〟という表現が使われることがあるけれども、三権は相互に対等平等ではないといわなければならない。

国会は、内閣総理大臣を指名する機限をもち、かつ、衆議院は内閣不信任決議権をもつ。内閣は、最高裁判所の裁判官を任命し、その長官は内閣の指名に基いて天皇が任命する（憲法第六条第二項）。かつ、下級裁判所の裁判官は、最高裁判所の指名した者の名簿によって、内閣でこれを任命する（憲法第八〇条第一項）。これを単純化していえば、国会が内閣をつくり、内閣が裁判所をつくる、といえる。つまり、国会は、国権のさまざまな機関をつくる上で起動的な機限を持っている。国会が内閣総理大臣を指名しない限り、その他の国家機関の活動は始まらないのである。

これに対して、日本の講壇憲法学者の多くは、首相の衆議院解散権と裁判所の違憲法令審査権をもちだして、これによって国権の最高機関としての国会の権限を軽視する解釈を展開する。かれらの解釈によれば、国会のうちの衆議院は首相によって解散されうるし、国会の制定した法律は裁判所の違憲判決によって無効とされる場合がある。したがって、国会は国権の最高機関であるとはいえない、とされてきた。このような解釈が「通説」とされてきたことは、驚愕すべきである。

政治的美称説という学説

辻村みよ子教授によれば、国権の最高機関としての国会については、次のような学説がある（辻村みよ子『憲法（第2版）』、二〇〇四年、日本評論社、四一二―三頁）。それらは、(a)統括機関説、(b)政治的美称説、(c)最高責任地位説、(d)総合調整機能説、(e)新統括機関説、である。しかも、〝政治的美称説〟が憲法学者にとっての長い間にわたる通説であるという。

それでは、〝政治的美称説〟とは、どのような学説なのであろうか。そのような表現それ自体が、多くの国民にとって理解することのできないものである。〝美称〟とは、『広辞苑』によれば、「ほめていう呼び方。美名。『酒』を『百薬の長』という類」である。

国権の最高機関としての国会を〝政治的美称〟とする通説は、国会をそれなりにほめつつも、所詮、国会は国権の最高機関という美称をもつにすぎないと解釈する。ここでは、国会は、国権の他の機関と比べて、特別な権限を有するものではない、とされる。国会は、国権の他の機関つまり内閣と最高裁と比べて、国権の最高機関という美称をもつだけであって、真の意味での最高機関としての権限をもってはいないとされるのである。

長谷部恭男（前東京大学教授・現早稲田大学教授）は、堂々と次のように主張する。

「そこで一般には、憲法四一条のいう『最高機関』とは、法的な意味を有しない。単なる政治的美称であると考えられている」（長谷部恭男『憲法（第3版）』、二〇〇四年、新世社、三二五頁）。

このような政治的美称説は、憲法上における本来の国会の権限を著しく貶めるものであるといわなければならない。このように「国権の最高機関」としての国会が美称機関に貶められることによって、戦後の日本国憲法下の国会の権限が憲法学説上においては不当にも消極的に位置づけられてきたのである。

憲法の実際の運用においても、国会の権限を、憲法の趣旨に反して、あまりにも限定的に解釈することが定着してきた。これによって、たとえば、国会の国政調査権の権限が限定的に解釈されて今日に至っている。

国会が「国権の最高機関」であるとする憲法第四一条は、国会に各種の国家機関に対して法的に優越する権限を付与するものである。それは、断じて、政治的美称などではありえない。これは、首相の解散権や裁判所の違憲法令審査権をもってしても否定することはできないものである。解散権や違憲法令審査権は、せいぜい、国会が絶対的＝無制限的権能をもつものではないことを意味するものでしかない。国会が別の国家機関からなんらかの制約を受けているからといって、国会の国権としての最高機関性が否定されるものではない。

国会が国権の最高機関であるとする法的論拠

それでは、国会が国権の最高機関であるとする法的論拠は、どこにあるのであろうか。それは、憲法前文に明記されている。

「そもそも国政は、国民の厳粛な信託によるものであって、その権威は国民に由来し、その権力は国民の代表者がこれを行使し、その福利は国民がこれを享受する」。

憲法は、国政は「国民の厳粛な信託によるもの」であるとしつつ、J・ロックが『市民政府論』（一六九〇年）で主張したいわゆる《信託》理論を再確認している。信託とは、市民がそのもつ権限をある一定目的を実現するために信頼して他人に委託することである。

ロックによれば、市民が市民政府をつくる目的は、その「生命・自由・財産」を守るためであり、そのような目的を実現するために〈市民政府〉をつくり、市民政府にその権限を信託する。市民政府がかりにその目的ないしは信頼を裏切るようなことがあれば、その信託は取り消され、市民は抵抗権ないしは革命権を発動するであろう。

憲法前文は、国政はその権威の由来となっている国民の厳粛な信託によるものであるとしつつ、「その権力は国民の代表者がこれを行使する」と規定している。ここで、代表者とは、明らかに、国会議員である。国民は、その信託を、国会議員に与えるのである。国民の信託を受けるのは、衆参両議院の国会議員である。

国会議員には、国民の信託に応えるためには、どのような活動が期待されているのであろうか。それは、憲法前文にあるように、国民の「福利」を増進するところにある。かりに国民の信託を受けた国会議員がその信託に応えることができなかったとすれば、国民はその信託を解除して、そのような国会議員に対して抵抗権を発動するであろう。それは、国民による国会の直接の解散請求権や特定議員の解職請求権（リコール権）として制度化されなければならないものであるが、残念ながら、今日の日本ではそのような制度はまだつくられていない。これは、のちに、第四章において、再論したい。

なお、国民代表の国会議員を選挙する国政選挙が、同時に国民の抵抗権発動の一つの形であり、その機会でもあることは、いうまでもないことである。

ロックにおいては、そのような国民の抵抗権発動の可能性が、信託を受けた為政者に対する倫理的・政治的な牽制装置ともなっている。信託を受けた為政者は、その信託に応えなければならないとする倫理的・政治的義務を課せられているのである。

日本国憲法において国会が国権の最高機関であるとされる最大の論拠は、それが国民の《信託》にもとづいているところにある。内閣ついで裁判所は、そのような国会あってこそ、その設立と存立が確保されているにすぎない。すなわち、国会なくしては、内閣ついで裁判所は設立されることはありえないのであり、その存続もありえないのである。

国会の指名なくしては内閣総理大臣は誕生することがありえず、内閣なくしては最高裁判所の裁判官の創設はありえないのである。

国権のすべては、国会から始まることを再確認しなければならない。国会こそすべての国権の母であって、その他の国家機関はその子供か孫にすぎないというべきものである。その意味においては、内閣は国会の子供であって、裁判所は国会の孫であるにすぎない。ここでは、従来の日本型の三権分立論は、完全に否定されているのである。

近代政治思想史にみる「国会が国権の最高機関である」の論拠

ここで、立法議会つまり国会がなぜ国権の最高機関であるのかという論拠を、近代政治思想史における二人の思想家にたずねてみよう。

その一人は、フランス大革命期に活躍したシェイエス（一七四八―一八三六年）である。かれは、『第三階級とは何か』（一七八九年）において、《憲法制定権力》という自然法的効力をもつ憲法をつくる主体があることを主張した。そのような憲法的主体こそ《第三階級》つまり《国民》にほかならないのである。

シェイエスによれば、「憲法はそのいかなる構成部分でも、憲法によって規定せられた権力によって作られたものではなく、憲法を制定する権力によって作られたものである」（シェイエス『第三階級とは何か』、大岩誠訳、一九五〇年、岩波文庫、八五頁）。

これを単純化していえば、《国民こそが憲法をつくる》ということに尽きる。したがって、全ての国家機関の正統性は、国民に由来する。なかでも、立法議会は国民がもつ憲法制定権力によってまず最初に設立されたものであり、その権威はあくまでも憲法制定権力をもつ国民に由来しているのである。

もう一人は、イギリスの思想家ジェレミ・ベンサム（一七四八—一八三二年）である。かれは、政治的君主制を原理的に拒否しつつ、国民主権論を主張した（拙著『ベンサム「憲法典」の構想』、一九九四年、木鐸社）。そのような主権を持つ国民は《最高構成権力》をもつ。

それでは、最高構成権力とは、どのような権力なのであろうか。それは、《最高立法議会》を選出する権力であり、場合によっては選出された議員を罷免しうる権力である。

ベンサムの政治機構論にあっては、第五章でみるように、最高立法議会が国権の最高機関であって、内閣と裁判所は最高立法議会の決定（つまり、その制定した法律）を執行するためのたんなる従属的機関にすぎないと位置づけられている。ここでも、日本型の三権分立論は完全に斥けられている。かれは、一貫して、権力分立論をアナーキー（無政府状態）をもたらすものとして、これを根底的に否定しつづけたのである。

なお、ベンサムは、信託理論を否定してはいないけれども、最高立法議会の議員の本質はその選挙民の《代理人》（deputy）である、と定義している。代理人としての議員は、立法権を信託された議員よりも国民に対するその独立性は弱い。つまり、選挙民の代理人としての議員は、つねに、選挙民の意志にもとづいて議会内の討論に参加し、その票決に臨まなければならないのである。

シェイエスとベンサムの間には、かなりの差異がある。前者の憲法制定権力は、前憲法的権力である。それは、憲法が制定される以前に国民が持っている権力であって、その権力によって国民は憲法を制定することができるのである。

これに対して、後者の最高構成権力は、国民主権が確定した憲法が既に制定されているという前提にもとづいて、国民が最高立法議会を選挙するという権力である。それは、先のシェイエスの表現にしたがうならば、「憲法によって規定せられた権力」である。

ベンサムによれば、国民がもつ最高構成権力は、その憲法上では、唯一の最高権力である。すなわち、その憲法上での全ての国家機関は、最高構成権力の発動なしには成立しえないものとされている。一切の国家機関は、最高構成権力から始まるのである。

シェイエスとベンサムにおいては、立法権はまずなによりも国民の憲法制定権力ないしは最高構成権力によってつくられた権力である。それゆえにこそ、立法権は行政権と司法権に対して優越する権力であるとされたのである。

憲法を空洞化する日本の憲法学者たち

日本国憲法における立法権の優越性は、首相の解散権や裁判所の違憲法令審査権によってそこなわれるものではないといわなければならない。解散権や違憲法令審査権をもち出して、国権の最高機関としての国会の権限を貶めようとする憲法解釈こそ憲法を侮辱する憲法違反の学説にほかならない。これは、〝憲法を空洞化する憲法学者たち〟といわざるをえない。

今日、国会を、憲法学者たちが唱える〝政治的美称説〟から解放すべき時である。国会をいつまでも政治的美称説のうちに閉じこめておくことは、憲法違反だからである。国会は、その権限を憲法学説上において毀損されることによって、行政権の肥大化を許さざるをえなかったのである。政治的美称説は、次章でみるような官僚内閣制に道をひらいてきた国民主権に反する虚構の憲法理論だったのである。

松下圭一教授は、『市民自治の憲法理論』において、次のように主張する。

「行政法学者が国民主権を論ずるとき、国会は『国権の最高機関』ないし『国の唯一の立法機関』であるという『憲法』条文を媒介として、国民主権は政府機構ないし法令の正統性を導出するための粉飾装置にすぎなくなるのである」（松下圭一『市民自治の憲法理論』、一九七五年、岩波新書、一五頁）。

松下教授は、ここで、既成の憲法学と行政法学が国民主権と国会をまつりあげつつ、政府機構や法令の正統性を根拠づけるための〝粉飾装置〟として利用されていることを痛烈に批判している。すなわち、政府機構や法令にあたかも正統性があるかのような根拠として、国民主権や国会という言葉が利用されてきただけであった。

それでは、これを利用してきたのは、だれなのであろうか。行政府という名の〝官僚機構〟である。官僚機構の前で、国民主権にもとづいて選挙された国会は、実態的には《国権の最高機関》としての権限を果たしえないように、明治憲法以来、封じ込まれてしまっていたのである。

これは、まさに、官僚機構による国民主権の代行現象にほかならない。しかしながら、国民がその主権の行使をだれかにお任せするということは、ありえないはずである。

そこに、自分勝手にシャシャリ出て、国民主権を代行することが日本国のためであるとする集団が現れている。それこそが〝官僚〟なのである。いわば、国民主権と国会は、明治国家以来、かつ戦後から今日まで、官僚制内閣によってのっとられたままなのである。そして、既成の憲法学者と行政法学者は、これを追認する法理を展開してきたのである。かれらは、〝憲法泣かせの公法学者たち〟であった。これでは、国会があまりにも惨めである、といわざるをえない。

これまでの国会は、講壇法学と官僚法学の前に萎縮して、自らの国権の最高機関としての権限を自縄自縛的に制限してきた。しかし、これは、謙譲の美徳として賞賛されるべきものではない。その逆である。国会は、憲法によって付与されているその権限を十全に発現するための努力を怠ってきたといわざるをえないのである。

〝三権分立論〟という虚妄から脱却を

松下教授は、次のように指摘する。

「戦後憲法の国民主権は、官僚統治としての国家主権の美化にすぎなくなっていた。かつて天皇主権が官僚統治の国家主権を美化したように、戦後は官僚統治の国家主権を国民主権によって美化しているにすぎない。したがって、美化機能をもつ天皇主権と国民主権とがいれかわっただけで、官僚統治を意味する国家主権は戦前からひきつづき今日まで残ってしまったのである」（松下圭一『現代政治の基礎理論』、一九九五年、東京大学出版会、二八九―九〇頁）。

国会を国権の最高機関として再確認しなければならない。全ての憲法理論は、国民主権から出発すべきなのである。そのような再確認なくしては、のちにみるように、いつまでも〝三権分立論〟という虚妄から脱却できずに、いたずらに国会の権威を貶めつづけるであろう。それは、次章でみるように、官僚内閣制を温存させるだけである。

日本国民も、憲法上、シェイエス的な憲法制定権力をもち、ベンサム的な最高構成権力をもっている。それは、憲法上においては、次の二つの条文に具現化されているのである。

① 公務員を選定し、及びこれを罷免することは、国民固有の権利である（憲法第一五条第一項）。

② 最高法規たる憲法改正の最終的判断は国民にゆだねられており、憲法改正は、国民投票において過半数の賛成を必要とする（憲法第九六条第一項）。

以上みてきたように、主権者として最高権力をもつ国民の信託にもとづく国会こそが、国権の最高機関にほかならない。国会の最高機関性は、内閣によっても、裁判所によっても、そこなわれることはありえないのである。

第二章　国会内閣制に転換しよう

官僚内閣制と国会内閣制という用語

日本の内閣制は、議院内閣制であるといわれて久しい。これは、日本の憲法学者と政治学者の常識であって、これに疑問を呈する学者は皆無にちかかったといえる。

それでは、議院内閣制とはどのような政治制度なのであろうか。その定義に一歩ふみこむと、たちまち、さまざまな学説がとなえられ、さまざまな学説が今日でも併存している。

日本国憲法における国会と内閣は、どのような関係にあるのであろうか。国会は内閣に優越しているのか。あるいは、国会と内閣は対等平等の関係にあるのであろうか。

松下圭一教授は、かねてより、日本の内閣制の現在は官僚内閣制であって、議院内閣制ではないと断じつつ、国会内閣制に変革してゆかねばならないと主張してきた。

官僚内閣制と国会内閣制という用語は、同教授の造語によるものである。日本国憲法の趣旨は国会内閣制の実現であって、官僚内閣制に堕してきた日本のこれまでの内閣制の現実は、憲法をゆがめたものであり、「日本国憲法」違反である。しかも、すべての憲法学者は、そのような憲法違反に加担してきた。また、ほとんどの政治学者は、憲法解釈には無関心でありつづけてきた。その背景には、官僚内閣制に堕した日本の現実の議院内閣制を憲法が予定している〈内閣〉であると信じて疑わなかったという前提があった。

しかしながら、そのような前提が問い直されなければならないとすれば、どのような内閣制が憲法の想定するものとなるのであろうか。それは、憲法の規定する国会内閣制とはどのような内閣制であるかを究明することによって明らかとなるであろう。

国会内閣制への転換を促す背景

国会内閣制の下では、官僚機構としての省庁は、国会・内閣によって組織・制御される行政機構として位置づけられる。しかも、内閣は、《国会の中の内閣》である。

そのような国会内閣制への転換を促す背景には、次のような時代認識があるといえるであろう。すなわち、一九六〇年代に入り、農村型社会から都市型社会への変化の中で、憲法状況が基本的に変化してきた。それまでの明治憲法の考え方による国家主権概念によって正統化されてきた官治・集権型政治が破綻した。それにともなって、この官僚主権的政治構造を正統化してきた講壇法学としての憲法学と行政法学、さらには官僚法学も破綻する。また、一九九〇年代に入り、都市型市民像の成立にともない、「自治体改革」に加えて、官僚内閣制から「国会内閣制」への改革が問われはじめたのである。

国会内閣制においては、官僚機構としての省庁は、あくまでも国会と内閣によって統御される。省庁は、国会と内閣の補助機構にすぎないのである。それは、「永田町の下位にある霞ヶ関」であって、「永田町を操縦する霞ヶ関」ではない。ましてや、「永田町に君臨する霞ヶ関」ではありえない。ところが、現行の憲法慣例での内閣は、事実上では、明治憲法型の官僚内閣制に堕してきたのである。

閣議あっての閣議なし　事務次官会議と花押閣議

その元凶は、民主党内閣が廃止する以前の〝事務次官会議〟にある。日本の官僚行政機構の特徴は、明治憲法以来の分担管理という〝縦割り行政〟であった。ここでは、各省庁は、あたかも一城を形成している。この縦割り型行政組織をたばねている事実上の実権をもっているのが法制上存在しない〝事務次官会議〟である。同会議は、閣議が開かれる前日にもたれる。毎週、月曜日と木曜日に開かれる同会議は、時間にして、一五分から、二〇分、せいぜい三〇分間とされる。

しかしながら、同会議は、内閣法上の規定にもとづくものではなく、いわば非公式の会議にすぎない。問題なのは、そのような非公式の会議体が事実上の閣議として運用されてきたところにある。それは、〝ウラ閣議〟とも〝かくれ閣議〟ともいうべきものである。

こうして、閣議は、戦後も佐藤内閣までは実質をもっていたが、とくに細川連立内閣以降、大臣たちの議論のない〝花押閣議〟に堕してしまった。〝花押〟とは、閣議で各閣僚が法案や政令などの案件ごとの閣議書に毛筆で署名することをいう。「この署名、普通に名前を記すわけではない。独特な書式のサインで、形が花文様に似ていることから『花押』と呼ばれる」(「日本経済新聞」、二〇〇五年七月一四日付)。

毎週、火曜日と木曜日に開かれる閣議は、通常、一〇分間ほどで終るといわれている。「閣議の大半の時間を花押書きに費いやすことから、その様子を『サイン会』『習字会』と皮肉る向きもある」(同前)。

〝閣議あっての閣議なし〟が、現行の慣行となっているとされる。閣議では、そこに提出される法案や政令についての質疑はほとんど行われず、次官会議決定からくる全会一致の体裁がつくられる。それは、縦割り行政組織を反映しているのである。

問題は、花押閣議の前日に開かれる事務次官会議において全会一致となった法案や政令のみが閣議に提出されていることである。これでは、閣議は、事務次官会議の決定の追認機関になりさがっているといわざるをえない。

菅直人議員は、「現実には、事務次官会議が国の行政の最高意志決定機関となっている」(菅直人『大臣』、一九九八年、岩波新書、三三頁)ことを指摘しつつ、さらに、次のように指摘する。

「全ての事務次官が拒否権をもっているのが、いまの事務次官会議のやり方なのだ。このため、国益よりも省益を優先し、官僚が自分の省の利益に反することは、閣議にかける前につぶせる」（同前、三四頁）。

その上、今日の閣議では、質疑応答や一般的な討論が行われることは、ほとんどない。「書類は総理から始まり、右にまわっていく。次から次にくる。いちいちチェックすることもできない。ましてや、その内容をしっかり読んで確認するなど、とても不可能だ」（同前、二八―九頁）。

そのような花押閣議が終了したのち、〝閣僚懇談会〟が開かれる。しかし、これも一五分間程度で終了する。ここでは、多少の討論はあるけれども、「閣僚懇談会には法的根拠はない。極端にいえば、大臣が集まっておしゃべりしているだけ」（同前、三一頁）の雑談会にすぎないのである。

ここに、首相の個性によって運用のちがいがみられるとしても、官僚内閣制の根本問題がひそんでいる。行政組織のトップにある内閣が花押内閣に堕して、事実上の実権は法的根拠にもとづかない事務次官会議が掌握している。これは、行政責任の所在を不明確にするのみならず、無責任国政と〝省益〟行政が跋扈していることを意味する。大臣たちは、各省庁のトップに落下傘で降下するものの、その省庁の内実についてはほぼ何もわからない素人であり、ただ祭り上げられるだけである。その上、短い任期で退任する。大臣は、多少なりとも省庁内のことが分りかけた時には退任となるのである。

「内閣は、行政権の行使について、国会に対して連帯して責任を負ふ」（憲法第六六条第三項）。閣議が花押閣議に終始し、花押セレモニー化している現在の慣行の中にあっては、各閣僚は自分の意思表示によって閣議書に同意したものではないといわざるをえない面がある。たしかに花押を記した以上、それは同意の証左であるといえるかもしれない。しかし、その閣議書について質問や討論がなされず、かつ、その内容もほとんど読むこともなく確認しないまま次々と花押を記すことは無責任という批判を免れえないであろう。

行政責任を負うことはない事務次官会議の慣行

花押閣議は、閣僚全員の外見的同意をとりつくろったものにすぎない。どうしてこのような外見的同意に対して、内閣全体が《連帯責任》をとらなければならないのであろうか。

花押内閣は、事務次官会議によって行政責任を強制されている。閣議決定に至る現行の行政慣行では、もともとの責任は事務次官会議にあるといわなければならない。ところが、内閣法上に法的根拠をもたない事務次官会議が行政責任を負うことはありえない慣行がつづいてきたのである。これをたとえていえば、〝幽霊に責任を問うことはできない〟といえる。

事務次官会議は、責任をとることはありえないことを前提として、実質的には閣議決定の権限を行使してきたのである。これは、脱法行為もはなはだしいものといわなければならない事態なのである。これが日本の「戦後民主主義」だったのである。そのような事務次官会議は、民主党政権下では廃止されたけれども、自民党政権ではまた復活して今日に至っている。

花押閣議は、根本的な大転換を求められている。内閣が国会に対して連帯責任をとりうる前提を満たすためには、まず、閣議を責任ある決定機関としなければならない。そのためには、閣議決定自体について真剣な《討論》の手続きが不可欠となる。

連帯責任内閣制とは

内閣がその政治・行政責任について国会に対して連帯責任をとらなければならないとする憲法第六六条第三項の趣旨は、すべての閣僚が連帯して責任をとりうる態勢の確立を求めているものである。そのためには、閣議はまさに議論をする閣議たらねばならないのである。

閣議は、討論の場であるが、現行の慣行としては、閣議決定は全会一致とされている。しかし、閣議で全会一致に至らない場合には、首相裁定によるほかはないであろう。なぜならば、首相は大臣の罷免権をもっているからである。但し国務大臣の罷免権を首相がもつ以上、首相が同意できない案件について多数決が行われて決定されたとしても、首相はそれを拒否できる。その限りでは、首相の大臣罷免権が首相のリーダーシップを保障しているともいえる。首相は、閣議において、そのリーダーシップをとりつつ、閣内の討論を喚起すべき責務を負っているといわなければならないのである。

閣内にたとえ不一致があるとしても、閣議決定したことに対しては、内閣は全員一致して国会に対して連帯して責任を負う。ここで《連帯責任》とは、いうまでもなく、閣僚全員の責任である。

日本の国会では、しばしば、問題のある大臣に対して、個別に〝問責決議案〟が提出されてきた。しかしながら、そのような問責決議案がかりに可決されたとしても、現行法制上においてはなんらの効力もない。すなわち、ある閣僚に不祥事が生じた時には、それは内閣全体の責任となるのである。現行法制上では、問題のあるとされる大臣を個別に罷免する権限は、国会にも国民にもない。首相は、大臣を罷免することができる。しかし、首相が問題のある大臣を罷免しない場合は、もしその大臣をどうしても罷免したいとする側からするならば、衆議院において内閣不信任決議案を可決するしかないのである。

国会が大臣を罷免することができず、国民には大臣のリコール請求権がない現行法制は、憲法第一五条第一項を無視するものである。この点については、のちに、第四章において再論したい。

今日ほど、首相主導による閣議の復権が求められている時はない。現在の慣行では閣議の進行役は内閣官房副長官であって、首相はほとんど発言しない（石原信雄『首相官邸の決断―内閣官房副長官石原信雄の2600日』、二〇〇二年、中公文庫、二五四頁）。討論する閣議から《連帯責任内閣制》が生まれる。閣議における討論にもとづいて閣議決定がなされることが必要不可欠のことである。各閣僚は、その決定に不服であっても、その閣議決定に従わざるをえない責任が生ずる。ここに内閣の国会に対する連帯責任が形成されるのである。

［参加なくして責任なし］。閣内討論を経た閣議決定という前提が慣行上で新たに確立された場合にのみ、内閣の責任は《連帯責任》となる。

そのような連帯責任内閣制の下では、各大臣は公私にわたる倫理的自覚と大臣としての政治・

行政能力を問われる。その上、大臣は自分が所管する分野のみならず国政全般への見識と政策能力を問われるのである。連帯責任内閣制の下では、各大臣は自分の省庁の省益代表にとどまることは許されないからである。

「各大臣は、案件の如何を問わず、内閣総理大臣に提出して、閣議を求めることができる」（内閣法第四条第三項）。

この条項は、菅直人議員も指摘するように、「閣議においては、国務大臣として出席しているという意識が必要だ」（菅直人、前出、一一〇頁）とする趣旨である。これは、原理的には、省庁の縦割り行政を否定するものであり、内閣の連帯責任制を強調するものである。

内閣法第二条は、国務大臣は一七人以内とすることを定めている。内閣は、内閣総理大臣とその任命による一七人以内の国務大臣によって構成される。例えていうならば、法務大臣は法務大臣である前にかれは国務大臣であり、外務大臣は外務大臣である前にかれは国務大臣なのである。内閣法第二条は、省庁の縦割り行政を否定し、内閣は内閣総理大臣の下で行政全体を統轄すべきことを定めているものである。法文上では、各大臣がその省益の代弁者に堕している現在の官僚内閣制を否定しているのである。

「族議員」は官僚優位の中で生まれた鬼子

これまでの官僚内閣制の下では、行政権は各省庁別の官僚に属するとする明治憲法以降の分担管理という慣行が罷り通ってきた。そして、各省庁は、縦割り行政組織の拡大とその省益擁護に血眼になってきた。しかも、そのような実態について歴代の内閣総理大臣は無力で関心もなかったのである。

いわゆる〝族議員〟は、そのような中から生まれる。族議員は省益追求という縦割り行政から必然的に生まれたものである。それは、大臣たちが縦割り行政・省庁組織にとりこまれ、政治・行政全般への視点を失なうことによって必然的に生まれたものである。それは、閣僚たちの〝国務大臣失格〟によって生まれたものであった。

官僚内閣制は、同時に、政治家と省庁縦割り官僚の組織的癒着構造をつくり出した。そこでは、官僚優位の中で国会議員は省益の走狗として利用されたのである。族議員は、官僚優位の中で生まれた鬼子であり、官僚優位を明らかに示す証明でもある。しかし、それは、本来の国会議員のあり方からみれば、本末転倒現象といわなければならない。国会議員は、その本来の姿をとほうもなく貶められてしまっていたのである。ここで、国会議員は《全国民の代表》であると規定した憲法第四三条を想起したい。

官僚内閣制は、全国民の代表者であるとする国会議員の本来の位置を無視するのみならず、閣僚は、各省の大臣ではなく、まず第一義的には国務大臣であり、国務大臣として行政全般を掌握しなければならないとする憲法第六六条第一項および内閣法第二条第一項を無視しつづけてきたのである。

しかも、官僚内閣制は、逆説的にも、内閣総理大臣への巨大な権限の集中によって、いっそう強力となった。それは、官僚が内閣という虎の威を借りつつも、その内閣を空洞化しつつ、自己増殖をはかってきたことによってもたらされた。その理由は、首相の顔が官僚組織の方向に向いていたからである。首相は、つねに官僚組織の側にたち、官僚組織にかつがれた御輿に満足しきってきたのであった。

もし首相の顔が国会の方向に向けられ、首相が国会の側に立ちつつ官僚機構を統御しようとしたならば、状況は一変して、国会内閣制が実現をみていたであろう。今日、官邸主導といわれた小泉内閣をふくめて、それが実現していないのは、民主党内閣をふくめ、歴代首相のうちの一人として、官僚内閣制から脱却して国会内閣制に転換しなければならないと考えた首相がいなかったからである。

その上、首相は与党の党首を兼ねており、あらたに小選挙区制ならびに国からくる政党交付金の配分などによって首相は絶大な権限をその掌中におさめることができた。それは、二〇〇五年九月一一日の衆議院総選挙の際についに顕著となった。党首を兼ねる首相の前に、自民党の伝統的な派閥は無力化させられ、その莫大な政党交付金の前に圧倒されたのである。

首相への巨大な権限集中の背景には、くりかえすが、次のような契機をあげることができるであろう。

①衆議院総選挙における小選挙区制の導入（一九九四年）と公認候補者の選定権。

小選挙区制は、自民党内の派閥の弱体化をまねくことによって総裁権力の強大化をもたらしただけではなく、公認候補者の選定についても総裁の影響力を強めた。これは、二〇〇五年八月、小泉首相によるいわゆる郵政解散の際に如実に示された。

②国から政党に交付される政治資金。つまり、政党助成法による莫大な政党交付金とその支出の裁量権。

政党助成法は、国民一人当り二五〇円を負担して、国から各政党に政治資金を交付するものである。その交付金は、各政党の所属国会議員数に応じて交付される。これによって、自民党には莫大な政治資金が入り、これが総裁権力の源となっている。

③閣僚の任命権を含む膨大な人事権。

④内閣提出法案の常態化（憲法第七二条）。

⑤衆議院の解散権（内閣不信任決議権の空洞化）。

①～②は党首としての首相の権限であるのに対して、③～⑤は憲法上における首相の固有の権限である。但し、首相の解散権への疑義については、のちに、第四章において再論したい。与党党首を兼ねる首相は、憲法上の強力な権限に加えて、いわば、カネと立候補者の公認権を手中におさめて、あたかも現代の君主であるかのような様相を呈している。昨今の首相公選論が〝大統領的首相〟の実現を主張しているけれども、今日の日本の首相は名実ともに立派な〝大統領的首相〟なのである。そのような首相が官僚組織にかつがれる御輿に満足してきたことが、官

僚内閣制を増長してきたのであった。

しかしながら、そのような強大な権限をもつにいたった首相が国会の側に立ちつつ、官僚組織を統御しようとする姿勢を堅持するならば、全く別の政治的光景が展開されるであろう。そこには、官僚組織の圧力を排して、国民と政治家主導の国政の可能性が生まれる。そこでは、官僚組織は、国会および連帯責任内閣制の決定の執行機関にすぎなくなるのである。

求められている国会内閣制への大変革

そのためには、今日の日本では、国会内閣制への大変革が求められている。官僚内閣制をいかに国会内閣制に転換するかということが、いまの日本の政治・行政改革の最も重要な課題となっている。

国会内閣制とは、国会つまり政治主導による内閣制である。従来の官僚内閣制においては、大臣は担当する省庁にいきなり単独でのりこむあたかも落下傘大臣にすぎなかった。かれは、大臣就任の瞬間からその所管省庁の官僚たちのとりこにならざるをえなかった。大臣は、形式上ではその省庁のトップではあっても、その省庁の官僚からすれば、大臣はたんなる一時通過の短期的な御輿であり、その省庁の装飾にすぎなかった。官僚たちからすれば、いかようにでもあやつることのできる〝人形〟でしかなかった。大臣からすれば、そのような官僚内閣制下においては、この事態を容認せざるをえなかったであろう。

菅直人議員によれば、「(イギリスでは) 大臣室は役所にではなくて国会にある。いつも国会に大臣がいて、事務次官以下は国会にいちいち呼ばれる。物理的な位置というのは非常に大きい」(同前、二四頁、二〇〇頁)。加えて、イギリスでは、大臣のほかに「副大臣 (政務次官)」が百人ちかくおり、「院内政党幹事」という日本の国会対策委員のようなポストまでもが政府の役職として扱われる。与党議員の半数ちかくが政府の役職につき、まさに与党＝政府として一体となり、政権を運営している。しかも、「イギリスの場合はお役人が、つまり官僚が国会で答弁することは全くありません」(同前、二三九頁、二〇三頁)。

これに対して、日本の大臣は、かれを支えるスタッフがあまりにも少なく、霞ヶ関の省庁大臣室で孤立するか、官僚の差し出すスエ膳を食うほかはなかった。二〇〇一年の国会・内閣改革により大臣にかわって答弁する明治憲法からつづく〝政府委員〟の廃止などがみられたが、現在の日本の官僚内閣制では、大臣たちは官僚に籠絡されるしかない。それが大臣の運命なのであった。

しかしながら、そのような官僚内閣制は、憲法の規定する本来的な連帯責任内閣の趣旨とは全く異なるものであることは、誰もが理解しうるであろう。

憲法の規定する連帯責任内閣は、《国会内閣制》である。それは、国会が憲法から付与されているその権限を自覚することによって、その方向を目ざすならば、直ちに実現可能な内閣制ではないか。国会が自らの権限に目覚めない限り、それは不可能であって、これからも官僚内閣制がつづいてゆくことであろう。

国会内閣制への改革は、まず、国会が自らそのイニシアチブを発揮するしかない。国会は、「国権の最高機関」であることに目覚めるべき時なのである。日本の憲法学の通説である〝政治的美称説〟を退け、これを突破して、国会は脱皮しなければならない。そこにしか、国会が国民の信託に応える途はないというべきであろう。

明治憲法下における官僚内閣制が現行憲法下においても温存された結果、官僚機構の改革はほとんど手つかずで、今日まで官僚内閣制がつづいてきた。

政権与党の国会議員は、大臣になることそれ自体が自己目的化して、大臣になることがあたかもその政治的ゴールであると考えてきた。かれらは、大臣になることが目的そのものであって、大臣になって何をなそうとするのか、つまり、政策実現は、どうでもよかったのである。かれらは、どの省庁であれ、とにかく大臣になれれば、それに満足してきたのである。それゆえにこそ、かれらは、めでたくも大臣となるや、その省庁のトップとして祭り上げられ、官僚たちにかつがれる御輿に満足してきたのである。

大臣からすれば、その短い任期をまっとうするためには、その所管省庁の官僚たちの〝いいなり〟に従うはかはなかった。大臣にとっては、それが日本の大臣の歴史であり、日本の大臣の宿命だったからである。

政治家としての《志》を高くもち、大臣としての職責を十全に果たそうとする大臣たらんとするならば、まず国会内閣制への大転換を実現しなければならない。ここでは、次の七点にわたり、その改革の方向性を提起しておきたい。

国会内閣制への改革　その方向性

1　花押閣議からの脱却。閣議を審議・決定機関として、閣僚たちの討論の場として位置づけ直す。ここでの閣僚は、各省庁の代表ではなく、国務大臣として行政全般についての討論に参加する。縦割り行政からの根本的転換を目ざす。

2　大臣の職責は、国務大臣としての任務の遂行であって、省益代表に堕してはならない。そのような倫理感覚を欠いた大臣は、罷免される慣行をつくる。

3　大臣の政策能力を高める。大臣就任以前から、つまり、国会議員に初当選した段階から、広く政治・行政についての識見を修得していくような政治家訓練システムをつくる。大臣の任用は専門的な知識を修得した者を任用する。大臣は、政治家として官僚に対する指導力と牽制力をもたなければならないからである。

4　内閣法制局を衆参両院に置かれている法制局と統合し、これを国会の下に置く。内閣法制局があるために、官僚立法が圧倒的に多くなったという現実があった。国会独自の立法機能を高めてゆくためには、従来のような官僚立法からの脱却が不可欠である。

5　国政調査局を国会の下に設置する。これは、ベンサムが一九世紀初頭においてすでに主張していたことである。国政調査局は、国政全般について、もとより外交関係を含めて、国会に調査・報告を行なう機能をもつ。

6　行政監督局を国会の下に設置する。行政監督局は、各省庁を定期監査し、必要に応じて臨時監査を実施する機能をもつ。かつ、衆議院の決算行政監視委員会と参議院の決算委員会を活性化させる。ほぼ通年制にちかい態勢で決算委員会を開会して、行政全体を常時、監視・監督する。問題のある事案があれば、当該者を参考人招致または証人喚問する。この点は、のちに、第四章で再論したい。

7　大臣室を国会内に移す。大臣室がどこにあるかという問題は非常に重要である。大臣室を国会内に移すと同時に、大臣を補佐する一〇人以上の政務官を置くべきであろう。そのうちの半数程度は政治任用によるべきであろう。

首相権限の強化は官僚組織の権限強化をもたらす

国会内閣制は、首相が国会の子（議会の子）であることを前提とする。国会あっての首相なのであり、国会の権威と権限によって首相は首相たりうるのである。これに対して、官僚内閣制は、首相の権限を強化する装いをとりながら、事実上は官僚組織の権限強化と勢力拡張をもたらそうとする。

昨今、しきりに強調される〝強い首相〟とか〝大統領的首相〟は、いわば官僚内閣制を前提としているといわなければならない。国会内閣制は、首相は国会の意志を代表してその実現のために努力しなければならないとする原理に立脚している。その首相の権限は特別に強大である必要はない。なぜならば、国会内閣制の下では、国会が首相をサポートするからである。これを比喩的にいえば、首相は困った時には、官僚組織に頼るのではなく、国会に聞けばよいのである。但し、その大前提としては、野党をはじめ国会議員に最大限の情報公開がなされることが必要である。

首相には、政治的リーダーシップが求められていることはいうまでもない。しかし、そのようなリーダーシップと首相の権限強化とを混同してはならない。強大な権限をもつ首相であるならば、必ずリーダーシップを発揮できるかといえば、そうとは限らないというべきであろう。首相のリーダーシップとその権限の強弱は関係ない。首相は国会に支持基盤をもつ国会のリーダーであり、国会のリーダーとして首相は官僚組織を指揮し監督しなければならないのである。

首相の出自は、つねに国会の《中》にある。国会こそが、かれを首相に指名した母体であり、その権限を付与した母体である。国会こそが首相の究極的なサポーターなのである。したがって、首相が国会に背を向けた時は、国会はかれを不信任して辞職を求めることができるのである。

ところが、日本の歴代の首相は、そのような国会内閣制にもとづいた政治感覚を全くもち合わせていなかった。逆に、かれらは、首相とは官僚組織の頂点であり、官僚組織に上手にのっかるものであると錯覚してきた。かれらは、首相とは官僚組織にかつがれる御輿であると自認してきたのである。

歴代の大臣たちも首相と同じであった。歴代の大臣たちは、まず政治・行政全般への目配りと政策討論を行なうべき国務大臣であるよりも、自分の所管する省庁の省益の代弁者に堕してきた。たしかに、首相は国会と官僚組織を結ぶパイプではある。そのパイプは、国会内閣制の原理によれば、国会の側から伸びて官僚組織に連結するものである。しかし、官僚内閣制においては、首相は、官僚組織の側から伸びて国会に連結するパイプに堕していたのである。これでは、アベコベである。本末転倒である。

日本国憲法が規定する国会内閣制を実現するためには、まず、国会ないし国会議員自身の自覚が必要である。その上で、首相と各閣僚の官僚組織に対するリーダーシップへの自覚が求められている。さらには、官僚組織自身も自己反省と自己改革が求められているのである。

国政全般については、まず、国会が主導的役割を果たさなければならない。それにもとづいて、首相は、国会の意志または決定を実現しなければならないのである。それは、次のようなプロセスとなる。

国会優越　↓　首相優先　↓　明治憲法体制としての省庁別の分担管理型からの転換。

ところが、このプロセスが逆転していたのが、官僚内閣制の実態であった。こうして、国権の最高機関としての国会が政治的美称にすぎないと貶められてきたのである。

国会は、〝政治的美称説〟を克服することが望まれている。国会は、その自覚をもちさえするならば、相当の権限を行使することができることを知らなければならない。国会の自己改革は、まず、その憲法上の権限を自覚することから始まるであろう。

日本経済新聞は、官僚内閣制の壁を打破しなければならないとする視点から、そのための方策として、次のように書いた。「省庁の代弁者にならない閣僚、省益だけに固執しない公務員、それを引っ張る首相。この三つがそろわないと『官僚内閣制』は打ち破れない」(「日本経済新聞」、二〇〇五年一一月一日付)。

しかしながら、官僚内閣制を打破するためには、この三つの方策だけでは不十分である。この三つの方策を実現するためには、国会がその権限を自覚することが基本となる。国会議員各人自身が官僚内閣制を打破するために新しい合意をかたちづくる必要がある。これを首相の手腕にのみゆだねることができないことは、あまりにも明らかなことだといわなければならない。

国会内閣制への根本的な大転換は、まずなによりも、国会議員それ自身の自覚が不可欠であり、加えて、国会の中にあるという首相の政治的自覚と官僚組織に対する改革的熱情にかかっているというべきであろう。

すべての国権は、国会から始まる

国会内閣制を実現しうる究極的な権限は《国会》それ自身にあることを、国会自身が肝に銘じなければならない。すべての国権は、国会から始まる。

国会は、国民の《信託》に応えなければならない。国会が国民の信託つまり授権に応えるためには、国権の最高機関としての権威と権限とを十全に自己実現するしかないのである。

そのためには、まず、立法改革をめぐって《議員立法》の熟度が要請されることになる。国会は、いうまでもなく、《立法》の場である。［国会立法なくして国会なし］といわなければならない。その意味では、日本の国会は、その本来的な権限を果たしてこなかったのである。その結果、国会は、内閣提出法案（閣法つまり官僚法案）の承認機関になりさがってしまった。

内閣提出法案の憲法上の根拠は、憲法第七二条にある。現行憲法下においては、そのような政府提出法案がほとんどであって、議員立法はあまりにも少なかった。これによって、国会の本来的な立法機能は著しく低く、その権限を貶めてきたのである。それは、〝花押内閣〟と〝官僚立法〟という形となって、今日に至っている。閣議は、〝花押〟の場としてしか機能せず、その政府提出法案は事務次官会議をはじめとする各省庁間における密室の〝談合〟としかいいようもないものだったのである。こうして、国会の立法権と内閣の行政権は、官僚組織に取りこまれてしまった。

また、議員立法があまりにも少なく、政府提出法案が圧倒的であったことが、あたかも国会の主役が内閣にあるかのような倒錯的な外観をつくり出してきた。そして、多くの国民は、これを不思議とも思うことはなかった。

しかしながら、国会の主役は国会自身であり、国会議員であることを再認識しなければならない。国会は、国会の下に国政調査局を常設して、その調査機能を活用することによって、議員立法能力を高めてゆくことが求められているといわなければならない。

ただし、国会の下に国政調査局が設置されるならば、国会の議員立法能力が自動的に高まるものではない。議員がその立法能力を高めてゆくためには、まずなによりも、国会が国政をめぐる《討論》の場としての本来的な機能を取りもどさなければならない。

議員立法への大いなる展望は、すべての国会議員の《討論参加能力》の向上なくしてはありえない。立法とは、つきつめていうならば、国会における国政に関する問題解決、政策・立法のための《討論》が生みだす産物にほかならないからである。なお、この点については、第六章で、再論したい。

第三章　三権分立論は憲法を否定する誤解である

日本国憲法の下では、中学校の社会科と高等学校の地歴・公民の文部科学省検定の教科書において三権分立論が憲法の基本原理の一つであるとされてきた。中学校と高等学校の社会科の教科書では、モンテスキューの三権分立論が金科玉条のごとくに述べられている。ここで教えられている三権分立論とは、次のようなものである。

「三権分立論」は国会否定の論理

国会（立法権）は、内閣総理大臣（行政権の長）を指名するが、その首相に問責すべき重大な理由がある時には、衆議院は首相に対する不信任決議案を可決することによって首相に辞職を求めることができる。これに対して、首相は、辞職するか衆議院を解散するかを十日以内に選択しなければならない。首相には、もし衆議院の不信任決議が不当であると考えた場合には、衆議院を解散するというチェック機能が付与されている。また、内閣は、最高裁判所（司法権）の裁判官を任命する。これに対して、裁判所は、国会の制定した法律と内閣の行政について違憲法令審査権をもつ。ついで、国会は、問責されるべき裁判官に対する弾劾裁判権をもち、裁判官の腐敗と横暴化を抑止する。

日本国憲法においては、国会と内閣と裁判所が相互にその独走と横暴化を抑制しつつ、いずれの権力も専制化することがおこりえないような抑制・均衡が制度化されている。これが、従来の日本型のいわゆる三権分立論である。

問題は、そのような三権分立論においては三権がほとんど対等平等の権能をもっているとしているところにある。ここには、憲法が明記する《国権の最高機関》としての国会を否定する論理がこめられているのである。

問題の核心は、立法権・行政権・司法権の三権がほぼ対等平等の機能を憲法上において付与されているのか、という解釈にある。

三権がほぼ対等平等の機能をもつとする従来の三権分立論は、国会の機能を不当に貶め、国権の最高機関としての国会の憲法上での位置づけを〝政治的美称〟とする憲法学者の通説を許してきたのである。

しかしながら、そのような三権分立論は、本末転倒というべき学説といわなければならない。それは、官僚主権を弁護するものでしかない。

なぜならば、行政権と司法権は、立法権あっての国権上の機関にすぎないからである。立法権なくしては、行政権と司法権は誕生することすらできないとは、前述したように、あまりにも自明の理であるといわなければならないのである。立法権をもつ国会は、行政権と司法権が憲法上において正当な権力として公認される淵源なのである。「国会は、たんなる立法機関ではなく、国民が選出した代表機関だからである」（松下圭一「国会イメージの転換を」、同『戦後政治の歴史と思想』所収、一九九八年、ちくま学芸文庫）。国会が内閣総理大臣を選出しなければ、内閣もさらには裁判所も構成されること自体がありえないのである。国会という起動力なくしては、行政権ついで司法権はその設立すらできない。

それにもかかわらず、既成の講壇法学と官僚法学においては、首相が衆議院の解散権をもち、裁判所は違憲法令審査権をもつことをもって、国会の機能が著しく抑制されていると解釈されてきた。国会は首相の解散権と裁判所の違憲法令審査権とによってその機能を制限されており、国会が「国権の最高機関」であるとする憲法の規定は、憲法上においては〝政治的美称〟にすぎないと解釈されてきたのである。

首相の解散権については、のちに、第四章において再論するけれども、私は、首相が常時なんらの要件もなく衆議院の解散権をもっているとする現在の慣行は、憲法の趣旨に反すると考えている。

また、最高裁判所の違憲法令審査権は、現行憲法下においては、わずか七回しか行使されていない例外的な権限にとどまっていることにも留意しなければならない。

首相の解散権と裁判所の違憲法令審査権は、日本では、いわば、非日常的にして例外的な権限にすぎない。それにもかかわらず、これをもって、国会は国権の最高機関ではないとする解釈を展開してきた講壇法学と官僚法学は、国民主権に反した重大な憲法違反を犯してきたといわざるをえないであろう。

日本の講壇法学と官僚法学は、旧来の三権分立論に呪縛されつつ、別言すれば、三権分立論を武器として使いつつ、国会の権限を不当に制限する憲法解釈を積み重ねてきた。そこには、国会がそんなにエライのは困るという〝官僚統治〟という思惑が働いていたというべきであろう。国会が内閣と裁判所よりも決定的に優越した権限をもつという憲法上の規定は、のちに、再論するように、たとえば国会の国政調査権の強化という形となり、内閣と裁判所、ひいては検察庁にとっては、たいへん不利益となるからである。

講壇法学と官僚法学は、三権分立論という幻想ないしは錯覚を利用しつつ、国会の権限を著しく失墜させてきた。かれらにとっては、まず、〝三権分立論ありき〟であった。それは、内閣（つまり首相）の権限を不当に高めようとする理論的なトリックとなってきたのである。今や、そのような三権分立論の呪縛から解放されなければならない。まず、〝三権分立論ありき〟という日本における怠慢な官僚法学的常識をこそ、疑ってかからなければならない。

ここでは、権力分立論、または三権分立論の形成過程を、近代ヨーロッパ政治思想史からふりかえってみよう。

権力分立論は、近代国家としての国民国家が形成される過渡期においてつくられた政治理論であって、基本的には中世ヨーロッパ封建政治下における身分制社会を反映し、身分間の均衡をはかろうとする理論として成立した。それは、封建体制下において君主権に対して経済的な勢力を蓄積してきた貴族や庶民（庶民とはいえ事実上は大地主階級）が君主権への参入を要求することによって形成された政治理論であった。いわゆる〝混合政体論〟がこれである。

権力分立論は、各身分間の勢力均衡によって国内の政治秩序を再構成しようとする意図にもとづいていた。別言すれば、権力分立論は、その成立のはじめは各身分間の勢力拮抗を反映した政治理論であったといえる。もし王権つまり君主権が衰退することがなかったとするならば、絶対王政がそのまま存続しつづけたであろう。君主に対抗しうる身分の経済力の台頭が君主権の衰退をもたらし、その絶対権力の政治的分割への要求となってあらわれた政治理論こそ、権力分立論だったのである。

その典型的な政治理論が、イギリスではＪ・ロックの権力分立論であり、フランスではモンテスキューの権力分立論となった。

Ｊ・ロックの権力分立論

ロックは、名誉革命によって確立をみる立憲君主制を理論的に正統化しようとして『市民政府論』（一六九〇年、邦訳、岩波文庫）を書いた。同書において、かれは、国王大権を容認しつつも、イギリスのスチュアート王朝の絶対王政化を制限しようとする意図にもとづいて、権力分立論を展開した。かれの権力分立論は、立法権をもつ議会（貴族院と庶民院）と行政権・外交権をもつ君主権への政治権力の分割論である。そこでは、立法権をもつ議会が行政権をもつ君主権に優越する。すなわち、君主は議会の決定に従わなければならないのである。これこそが、名誉革命が目指した政治構造であった。

その市民政府には設立されるべき目的がある。それは、個々の市民の「生命・自由・財産」の維持である。この目的を実現するためには、市民の側に立つ勢力が優越的な権力をもたなければならない。それは、国王ではありえない。議会のみである。なぜならば、議会は国民から市民政府の目的を実現すべき《信託》を受けているからである。国民は、君主にその信託を与えることはないであろう。なぜならば、君主権の歴史は、国民の「生命・自由・財産」を侵しつづけてきた歴史だったからである。

国民からの信託を受けた議会こそが君主権よりも優越的な権力であることによってのみ、市民政府の目的が実現可能となるであろう。ロックにおいては、立法権ついで司法権をもつ議会と、行政権・外交権をもつ君主権とは、対等平等ではありえない。あくまでも立法権あっての君主権にすぎないのである。なぜならば、国王の専制化を阻止しうる権力こそが議会であり、そこにこそ市民政府の目的があるからである。ロックにおいては立法権こそがすべての権力の淵源であって、立法権以外の権力は立法権からの派生的権力にすぎなかった。

一八世紀中期のイギリスでは、庶民階級が勢力を蓄積するにしたがって、庶民院（下院）の政治力がさらに増大する。それは、ウォルポール時代（一七二一—四二年）とほぼ符合する。君主権に対して貴族が勝利した革命が名誉革命であった。庶民階級は、君主のみならず貴族に対して、自分達の参政権の要求にその政治的な要求を凝縮してゆく。それは、議会のなかでの下院の権限強化への要求であった。

しかしながら、そのような要求はあらためて〝混合政体論〟によって拒否される。混合政体論とは、国王・貴族・庶民が国権をそれぞれに分掌しつつ、国内の勢力均衡を計ってゆこうとするものである。ここでは、国王と貴族の権力が大前提となっている。庶民の権力は、国王と貴族の権力を大前提として認められているにすぎないのである。

但し、当時では庶民階級とは、いわゆる一般庶民ではなく、下院の大半の議席を占有していたスクワィアと呼ばれる大地主である。スクワィアは、一〇〇〇エイカー（約一五三万坪）以上の大土地所有者である。スクワィアは、年間で、現在の日本円で約二〇〇〇万円以上の地代収入を得ていた。この時代のイギリス政治体制が〝スクワィアーキ〟（地主寡頭制）と呼ばれる理由がここにある。

ブラックストーンの混合政体論

混合政体論は、スクワィアーキの時代を反映した憲法理論であった。その代表的な論客が、ウィリアム・ブラックストーン（一七二三―八〇年）である。かれは、オックスフォード大学で憲法学を講じていた。かれは、『英法釈義（全四巻）』（一七六五―九年）において混合政体論を展開して、当時のイギリスの政治体制を完璧なものであると賛美した。

ブラックストーンによれば、イギリスでは、「善良」を象徴する民主制は庶民院に、「英知」を象徴する貴族制は貴族院に、「力」を象徴する君主制は国王にそれぞれ具現化されており、これら三者の結合は善良・英知・力の三大美徳の結合であって、これによってイギリスは完璧な政治体制を実現している。逆に、これらの美徳のいずれかを欠いた政体は、重大な欠陥をもった政体である。理想的な政体は、これらの三大美徳をそれぞれにもつ三つの階級が結合してはじめて成立するものであって、そのうちの一つでも欠けるならば不完全な政体となるであろう。

ブラックストーンのこのような混合政体論は、権力分立論というよりも、身分制的均衡論であったといえる。それは、君主と貴族と庶民の身分間の勢力均衡という当時の実態を反映した過渡的にして妥協的な支配形態を正統化しようとするものであった。それは、三つの階級が〝三方一両損〟によって妥協点を見いだそうとする憲法理論であった。しかしながら、それは、後述するように、ベンサムの一元的な主権論によって徹底的に批判されることになる。

モンテスキュー（一六八九―一七五五年）は、ブラックストーンの混合政体論に大きな影響を与えたフランスの法律家であった。その主著『法の精神』（一七四八年）は、あまりにも有名である。かれは、フランス各地に設置され裁判権を司っていた高等法院の裁判官であった。かれは、いわゆる世襲の法官貴族であった。ここに、かれの『法の精神』の核心を解くカギがある。

『法の精神』は、膨大な著作ではあるが、その当時のイギリスの国政を語りながらもいわゆる権力分立論を展開した頁数はわずかなものである。それは、当時のイギリスの政治制度の実態を視察した結果を憲法理論的には〝裁判権〟を追加してまとめたものであったといえる。それは、政治的自由を確保するためには、イギリス的な国政モデルに加えて、〝裁判権の独立〟を主張するものであった。その考え方は、多くの国々における近代憲法の形成史において大きな影響を与えることになった。

モンテスキューの権力分立論

モンテスキューは、次のような前提から出発する。「同一の人間あるいは同一の役職者団体において立法権力と執行権力とが結合されるとき、自由は全く存在しない」（モンテスキュー『法の精神（上）』、野田良之共訳、一九八九年、岩波文庫、二九一頁）という大前提である。ここでの政治的自由とは、次のように定義されている。「国家、すなわち、法律が存在する社会においては、自由とは人が望むべきことをなしうること、そして、望むべきでないことをなすべく強制されないことにのみ存在する」(同前、二九二頁)。

その上で、かれは、次のように主張する。「裁判権力が立法権力や執行権力と分離されていなければ、自由はやはり存在しない」(同前、二九二頁)。かれは、裁判権の独立なくしては自由はない、と主張したのである。これは、ロックにはなかった視点であり、その後、権力分立論という形でドグマ化され、近代憲法理論の核心をなすものとなってゆく。

モンテスキューによれば、権力の濫用を防ぐためには、「権力が権力を抑止するようにしなければならない」(同前、二八九頁)。たとえ、君主であれ、貴族であれ、国民であれ、いずれにせよ、立法権・執行権・裁判権の三つの権力をもつ国制においては、すべての自由が失われるであろう。政治的自由は、「三つの権力の一定の配分によって形成される」(同前、三四二頁)。それは、「諸権力の均衡」(同前、三二二頁)によってのみ実現しうるものであり、「三つの権力の一定の配分によって形成される」(同前、三四二頁)。

問題は、そのような三権がだれによって担われるかである。モンテスキューは、一見、機構論的な権力分立論を主張したかにみえる。しかし、かれは、実態的には、当時のフランスの三つの身分からなる身分間の抑制・均衡を主張したにすぎなかった。それは、その当時のルイ絶対王朝からすれば絶対に許せないものであったが、国民からしても容認できるものではなかった。それは、国民主権とは全く違ったものだったからである。

モンテスキューの権力分立論は、一八世紀イギリスの身分制的議会を理想的な国制とするものである。かれは、ロックが見逃していた裁判権を三つの権力の一つとして再構成することが政治的自由のためには不可欠であることを主張しつつ、立法権と執行権に対して裁判権の独立を要求したのである。かれは、いわゆる世襲的な法官貴族であり、ボルドー高等法院の副院長を勤めていた。

かれは、当時のイギリスの国制を援用しながら、自らの身分である法官貴族に三権の一つとしての裁判権を与えよと要求したのである。それは、一面では、政治的自由をより確実なものとするための政治権力構造についての新しい提案ではあった。しかしながら、他面では、かれは、かれ自身の出自たる法官貴族の利益代弁者でしかなかったといえるのである。いわば、かれの権力分立論は、各身分による混合政体論にほかならなかった。

モーリス・クランストンは、『政治的対話篇』において、モンテスキューについて、ヴォルテール（一六九四―一七七八年）に次のように語らしめている。「すべてモンテスキューの言うことは疑ってかかるべきです」（M・クランストン『政治的対話篇』、山下重一共訳、一九七三年、みすず書房、一四三頁）。「モンテスキューには、いつも、自分の階層の利害についての抜け目ない感覚があった。自分個人の場合と同じです。イギリスでは、国王は議会にほぼ従属しています。それで、モンテスキューは、自分と同様の小貴族が議会を統御しているのだと思いました。これこそ、かれがフランスで優勢にしたかった制度なのです」（同前、一三二頁）。

モンテスキューは、『法の精神』において、立法権は二院制議会がもち、執行権は君主がもつべきであることを明言しているが、裁判所の担い手がだれであるかについては何も述べていない。しかしながら、一八世紀フランスにおける裁判権は最高裁判機関で王令審査権をもつ高等法院が担っていたことを勘案するならば、かれの裁判権の独立の要求は、その高等法院を三権の一つとして認めることを要求したものであったといえる。かれは、まさに、〝抜け目〟がなかったのである。

モンテスキューの権力分立論は、三権の間の抑制均衡に加えて、立法権をもつ貴族院と庶民院の抑制均衡をその視野に入れたものであった。かれは、立法権をもつ議会の二院制を高く評価していた。しかし、上院としての貴族院が世襲貴族によって構成されることをなんらの臆面もなく肯定したところに、かれの権力分立論は外見上では機構分立論をとりつつも、実態的には身分分立論に陥っていた。それは、ルイ絶対王政下においても大きな権限をもっていた高等法院（裁判所）の権力を反映したものであったといえる。

それでは、モンテスキューは、立法権・執行権・裁判権の権力関係をどのようにとらえていたのであろうか。少なくとも三つの権力は、対等平等ではない。ロックほどには明確ではないが、モンテスキューにおいても、立法権が執行権に優越している。かつ、裁判権について、かれは、次のように述べている。「すでに述べた三つの権力のうち、裁判権力はある意味では無である。残るのは二つの権力だけである。そして、これら二つの権力はいずれも緩和するための一つの規制的な権力を必要とするが、立法府のうち貴族によって構成される部分が、この効果をあげるのに極めて適している」（モンテスキュー、前出、二九七―八頁）。

かれは、裁判所は権力という視点からみれば《無である》と断言している。すなわち、裁判権は、立法権と執行権に比べるならば消極的な権力なのである。

したがって、モンテスキューにおいては、立法権がまずあって、ついで執行権があり、それに加える形で裁判権が位置づけられている。かれは、「この裁判所は立法権力よりも下位にあり」（同前、三〇二頁）と明言して、立法権 → 執行権 → 裁判権、という形で、立法権の優位を主張したのであった。

ところが、明治時代以降の日本の憲法学界と政治学界は、大日本帝国憲法下においてのみならず、現行の日本国憲法下においても、モンテスキューの裁判権へのバイアス（偏愛）を見抜けずに、かれの権力分立論をあたかも金科玉条のように戴き、しかも、その実体はプロシャ型の行政権優位の三権分立を美化してきた。

日本では、かれの身分制的権力構成への要求（つまり、法官貴族に三権のうちの一権力として裁判権の独立を認めよという身分的分立論）が、あたかも機構論的分立論として錯覚されてしまった。こうして、かれの権力分立論が政治的自由を確保するための普遍的な政治原理（つまり、時代をこえてどの国でも適用されるべき政治制度）であるかのように思い込まれてしまったのであった。それは、一九世紀ドイツ国法学においては、国家主権型の権力分立論となる。それは、国家権力を立法権・行政権・司法権が対等平等に並立してになうとしつつも、〈行政権優位〉を主張する学説となり、戦前以来、戦後も日本の法学の主流をかたちづくった。

ベンサムの権力一元論

ついで、以上の権力分立論を根底的に否定した代表的な学説として、ジェレミ・ベンサムの主権論を紹介したい。

ベンサムの出発点は、すでにみたように、ウィリアム・ブラックストーンの混合政体論に対する批判にあった。かれは、一七七六年に出版した処女作『政府論断章』において、ブラックストーンの混合政体論を徹底的に批判している。

若き日のベンサムの批判的視点は、法＝主権命令説、および啓蒙専制主義からのものである。当時のベンサムは、国民主権論者ではなく、君主主権による《上からの改革》に期待を寄せたのである。

法＝主権命令説とは、法は、主権の命令であり、そのためには主権の意志が明確なものでなければならない、とするものである。すなわち、権力分立論では、主権の意志がきわめてあいまいになってしまい、主権の意志が不明瞭となる。したがって、ベンサムは、そのような視点から権力分立論を間違った国制論であると断じた。

かれは、トーマス・ホッブズ（一五八八―一六七九年）にならい、主権は一元的にして絶対的であって分割できない、と主張した。これは、その生涯において、終始一貫して、変わることはなかった。そのかぎりでは、かれは、権力一元論のホッブズのみならず、同じく権力一元論のジァン・ジャック・ルソー（一七一二―七八年）にもならったといえる。

ベンサムは、六〇歳前後までは、啓蒙専制君主にかれが提議したさまざまな改革案の遂行・実現を期待していた。かれは、啓蒙専制主義の立場からその改革推進を計ったのである。啓蒙専制主義とは、啓蒙された聡明な君主であるならば、国民の「最大多数の最大幸福」を実現するための大改革を断行してくれるであろうという期待にもとづいて、啓蒙専制君主を支持しようとするものである。かれは、とりわけ、ロシアのエカテリーナ二世（女帝）に刑法改革の期待を寄せていた。

しかしながら、その期待は、まったくの幻想に終わる。かれの期待は、なにひとつとして実現をみることはなかったのである。

イタリアの刑法学者ベッカリーア（一七三八―九四年）は、『犯罪と刑罰』（一七六四年、邦訳、岩波文庫）の著者として、今日でも、有名である。かれは、同書において、啓蒙専制主義の立場を明確に表明しつつ、刑法改革の実現を啓蒙専制君主にゆだねた。その刑法改革を阻んでいる勢力が、かれにとっては貴族階級なのであった。かれは、改革阻止勢力としての貴族階級を徹底的に批判した。

ベンサムも、ベッカリーアにならいつつ、改革阻止勢力としての貴族階級（既得権益）を徹底的に批判した。ベッカリーアと同様に、かれは、啓蒙専制主義の立場から、改革阻止勢力としての貴族階級を許すことはできなかったのである。

もともと、啓蒙専制主義は一人の君主が万民を統治するという〝一君万民〟を大前提としており、権力分立論はとうてい容認することのできない主権分割論にすぎなかったのである。

モンテスキューの権力分立論とブラックストーンの混合政体論は、すでにみたように、三つの権力のうちの一権力として政治制度上において貴族階級を認めるべきであるとする要求であったといえる。

しかしながら、ベンサムからするならば、国家の主権が三つに分割されているような状況では、期待されているような諸改革はなにひとつとして実現することはありえないであろう。国民の「最大多数の最大幸福」を実現するための諸改革を断行するためには、主権は一元的にして絶対的でなくてはならない。主権が三つに分割された国制では諸改革の実現は全く期待できないのである。

一九世紀に入ると、スクワィアと呼ばれていた大地主以外の庶民階級である新興ブルジョワジーの勃興を背景として、君主と貴族階級の勢力が衰退する。そのような時代背景において、急進主義者へと転換したベンサムは、君主制と貴族院とを原理的に否定する『憲法典（第一巻）』（一八三〇年）を公刊した。

それは、権力分立論を一蹴するものであった。ベンサムによれば、すべての国家権力の源泉は国民にあり、国民が選出する最高立法議会（現在の日本の国会）がその代表機関となる。その最高立法議会は、一院制である。それは、当時のイギリスの貴族院を原理的には廃絶せよという要求であった。

モンテスキューが高く評価したイギリスの上下両院つまり身分による相互牽制という視点は、ベンサムには、全くない。

ベンサムによれば、国民は一体であり、その利害は同一であって、国民の権力が身分によって分割される必要性は全くない。かれの国民主権論からすれば、国民にはその権力を分割すべき理由がもはや全くないのである。逆に、権力分立論は、国民のもつ主権を弱体化させるだけである。国民は、権力分立によってその意志の貫徹が妨げられるからである。国民は、その意志を全面的に実現するためには、君主権と貴族権とを完全に排除しなければならない。国民にとっては、君主や貴族は特権的身分であり、国民主権国家が大前提とする万人平等社会に反しているからである。

ベンサムは、「国民は権力の正統性の唯一の源泉である」としつつ、その国民から選任される最高立法議会に絶対的な権限が付与される、としている。国民は、最高立法議会議員の選任権と罷免権をつねに留保している。しかし、日常的には、毎日、開会されるいわゆる通年議会としての最高立法議会が国権の最高機関としてその絶対的な権限を行使する。

行政権の長である首相と司法権の長である司法大臣は、最高立法議会によって選任される。行政府と司法府は、最高立法議会の下位にある従属的機関として位置づけられている。行政府と司法府は、最高立法議会の制定した《命令》としての法律を執行する単なる手段にすぎないのである。

ベンサムは、いわゆる権力分立論はアナーキー（無政府状態）をもたらすだけであるとして、これを一貫して否定しつづけた。さらに、かれは、権力分立論は、政治機構を複雑化して、政治腐敗を増幅させる温床にもなるとして、これを否定した。

ベンサム『憲法典』においては、首相には最高立法議会の解散権はない。裁判所には、違憲法令審査権はない。逆に、最高立法議会は、裁判所の下した判決に問題があると認めた時には、その判決を取り消すことができる。

最高立法議会は、首相と司法大臣、さらには大臣と裁判官を譴責されるべき理由が認められる場合には、かれを懲戒したり、罷免することができる。最高立法議会には、内閣と裁判所に対して圧倒的に優越する権限が付与されている。それは、まさに文字通り《国権の最高機関》なのである。

このようなベンサムの最高立法議会の絶対的権限については、直ちに、その独裁化ないしは専制化の危惧が提起されるであろう。

これに対して、かれは、最高立法議会議員の①一年任期制、および、②再選禁止制によって、その独裁化ないしは専制化を予防できると考えていた。①は、当時の下院議員の七年任期制を一年とするものである。②は、一年間で任期満了する議員は再立候補することができないとするものである。これによって、最高立法議会の独裁化ないしは専制化を阻止することができるであろうことを、かれは期待したのである。

しかしながら、その独裁化ないしは専制化の予防可能性を、かれは、究極的には《世論法廷》

に求めていたといわなければならない。世論法廷は、最高立法議会の議員に対する罷免請求権（リコール権）をもっている。これによって、国民は、議会の独裁化ないし専制化、さらに、政治腐敗や間違った政策に対抗することができるのである。かれは、《世論は誤ることはありえず、つねに公益を目指す》と考えていた。この限りにおいては、ルソーとベンサムはまったく一致する。ベンサムにとっては、国民と世論法廷が、最高立法議会の暴政化を阻止しうる究極的な権力だったのである。

近代イギリスにおいては、ベンサムの国民主権論をもって、政府論としてのロック＝モンテスキュー的な権力分立論は終焉するが、そこでは国民主権による「最高立法議会」が政府の中核組織となっている。

もちろん、その後も欧米諸国では、機構分立としての権力分立論は存続し、今日に至っている。アメリカの大統領制は、そのような機構的な権力分立論の典型であるといえる。

日本でも、日本国憲法の国会内閣制からするならば、たとえ権力分立論という表現を使うとしても、アメリカの大統領制とは違い、前述のように三権はあくまでも国会↓内閣↓裁判所という権力分立制であると解釈しなければならないのである。

さらに、ロックとモンテスキューの権力分立論も、立法権優位を大前提とするものであり、それぞれの権力が対等平等であるとはされていないことを、ここで改めて再確認しなければならない。

日本の官僚統治型三権分立

ところが、日本においては、ロックの市民の社会契約から出発する権力分立論は君主権への革命権をふくむため否定され、あらためてモンテスキューの封建的身分制を前提とした権力分立論をドイツ型の官僚統治型三権分立におきかえ、あたかも、金科玉条にしたてていった。国権にはあたかも三つの権力があり、それぞれ三つの権力は対等平等であるかのように主張しつつ、実は官僚統治を美化してきたのが、日本の講壇法学と官僚法学であった。

明治憲法以来の講壇法学と官僚法学は、モンテスキューの権力分立論の呪縛に陥ってしまった。否、講壇法学者と官僚法学者は、モンテスキューの身分制的権力分立論を機構論的権力分立論にすりかえて、これを悪用してきたというべきであろう。そこでは、三つに分割されたとされる国権の内で、一九世紀ドイツ国法学と同じく、行政権が事実上においては優越する。

さらに、〝行政国家〟としての二〇世紀の国家形態は、〝官僚国家〟としての一九世紀後進国型の国家形態から転換したものであるとして正統化してきたこれまでの政治学の常識も再吟味されることが不可欠である。

最近、日本において強調されている首相権限の強大化、すなわち、大統領制的首相論は、これまでにみてきたような国会内閣制の視点からするならば、全く許容されない理論であるというべきである。国会内閣制においては、首相は、あくまでも国会の〈外〉ではなく、《中》にあるのであって、国会をこえるような超国会的権力ではありえないからである。

明治憲法以来、一四〇年間にわたったって、モンテスキューの権力分立論は、官僚法学にとっては、行政官僚の国会・裁判所からの〝独立〟の正統化のためには、最も都合のよい論拠となってきた。それは、立法権をもつ国会、司法権をもつ裁判所に対して、行政権をもつ内閣の権限自立の論拠として利用しうるものだったからである。

そのような権力分立論によって、官僚法学は、さらには、「国家の行政権は憲法よりも上である」とする〝国家高権〟すら主張してきたのであった（菅直人、前出、一八二頁）。そもそも国家高権なるものがあるとすれば、それは《国民主権》そのものである。国民主権に優越する国家高権はありえない。ところが、一九世紀ドイツ国法学において主張された国家は法人であり、法人としての国家には主権があるとする国家法人説をなおも利用しつつ、内閣法制局は国民主権をこえる「国家統治権」としての国家高権に固執してきた。ここでは、国民主権よりも国家主権が優越するとされるのである。

三つの権力機構のうち行政権が〝国家高権〟をもっているなどということは、日本国憲法のどこにも書かれていない。そもそも、〝国家高権〟という用語自体が憲法には一語たりとも使用されていないのである。仮にそのような国家高権をもつ主体があるとすれば、それは《国会》しかありえない。まさに、国会こそが国権の最高機関だからである。

佐藤幸治教授によれば、「国家である以上次の三種の基本的能力、すなわち①領土内にある人および物を支配する権利たる領土高権、②国家の所属員を支配する権利たる対人高権、③国家の組織・権限のあり様を自らの意志により定めることのできる権利たる自主組織権（権限高権）、を備えているものでなければならない」（佐藤幸治『憲法〔第三版〕』、一九九五年、青林書院、五五頁）。

しかしながら、このような領土高権・対人高権・権限高権をもつ国家と国民主権とはどのような関係にあるかについての明解な説明が、同教授には欠けているように思われる。

これまでに再三にわたって強調してきたように、従来の権力分立論は、日本国憲法における国権の最高機関としての国会を否定する理論的な論拠とされてきた。首相がもつとされている解散権と裁判所がもつ違憲法令審査権は、あくまでも「国会の最高機関」を前提とした権限にすぎない。そのような論拠をもって国会を国権の最高機関ではないとする〝政治的美称説〟がこれまで罷り通ってきたこと自体が異常事態であったといわなければならない。〝政治的美称説〟は、憲法が定める国権の最高機関である国会を貶めようとする国会蔑視にほかならないのである。

従来のモンテスキュー的な権力分立論は、三権分立論という形で国会の権限を三分の一に貶め、国家統治としての行政権優位を正当化しようとするトリック理論にほかならない。それは、国会の権能を意図的に制限しようとしつつ、行政権優位を正当化しようとする官僚法学にほかならないのである。

国民主権を全面的に確保した上で権力分立論が成立する可能性があるとすれば、それは、国民が国会をふまえて内閣と裁判所に直接に働きかけうる諸権限を制度化することであろう。内閣（首相と大臣）と裁判所（裁判官）に対する選任権と懲戒・解任権が制度化されなくてはならない。たとえ権力分立論が認められるとしても、それは国民のイニシアチブ（主導権）と国会の優位性とが大前提であるといわなければならない。

国会は、まず、与野党をこえて、国会の最高機関としての誇りと名誉（プライド）を確立して、これを保持しなければならない。これこそが、国会の第一の課題である。国会は、行政権と司法権に対してその優越を自己確認することが必要である。この一点においては、与野党は共同して連帯することが求められている。国会における与野党の対立は、これを前提としたものでなければならない。

国会を国権の最高機関たらしめるのは、国会ないしは国会議員個々人の自覚によるしかないのである。

くわえて、講壇法学者、法曹、ジャーナリスト、さらには、多くの市民たちが官僚内閣制から国会内閣制の実現にむけてその発想を転換することが求められている。

第四章　国会は行政監督権をもっている

内閣に対する国会の行政監督権

国会には《行政監督権》がある。この用語は、マスメディアで使用されることはほとんどない一種の学術用語でしかなかった。ここに、今日の日本の国会と内閣の関係が本末転倒して、いびつなものになっている大きな理由の一つがあるといっても過言ではない。

国権の最高機関として国会は、その権限の一つとして内閣に対する行政監督権を憲法によって付与されている（憲法第一五条、六二条、六九条）。これを、忘れてはならないことを、ここで強調しておきたい。

このような国会のもつ行政監督権は、戦後日本の政治学にとっては、あまりにも明瞭な常識に属するものであった。その例証として、一九五四年に出版された『政治学事典』がある。同事典において、辻清明教授は、議会政治の三大基本原理として、①代表の原理、②審議の原理、③行政監督の原理をあげている（『政治学事典』、一九五四年、平凡社、二〇七頁）。

行政監督の原理とは、立法府（つまり国会）にはその制定した法律の円滑な実施を点検しようとする権限があり、その実施に怠慢や間違いがある場合には、国会は内閣にその是正を要求したり、ときには内閣を糾弾することができるとする原理である。例えていえば、国会が自ら生んだ子供の生育と成長を点検するのは、あまりにも当然にすぎる国会の権限であるといわなければならないのである。

ところが、戦後日本の歴代内閣は、そのような国会の行政監督権を否定しつづけてきた。その上、官僚法学は論外としても、講壇法学も国会の行政監督権をいたずらに過小評価してきた。それは、行政権（つまり内閣）と国会は対等平等であるとする、前章でみたような誤った三権分立論によって正当化されてきたのである。

内閣ないし官僚組織にとっては、国会が行政監督権などと称する権限をもたない方が好都合であるにちがいないであろう。そこで、戦後の歴代内閣はこれを否定しつづけてきたのである。

しかしながら、そのようなことがいつまでも許されるはずはない。なぜならば、それは、憲法の明文規定にまったく反するものだからである。それは、憲法第六二条の国政調査権という形で明記されているのである。さらにいえば、内閣の生みの親である国会がその子供である内閣を監督できないなどということは、ありえないことであるといわなければならないのである。

今から二五八年以上も前に、モンテスキューは、次のように述べて、立法権力による執行権力に対する《審査的権限》を主張していることが想起されるべきである。

「自由な国家においては、立法権力は執行権力を抑止すべき権利をもつべきではないにしても、自分が作った法律がどのような仕方で執行されたかを審査する権能をもっているし、またもつべきである」(モンテスキュー、前出、三〇一頁)。

画期的な歴代内閣政府見解からの大転換

菅直人議員が、一九九六年の衆議院予算委員会において、橋本首相から次のような答弁を引き出している。「行政監督権というものは、国会は当然のことながらお持ちになっていると思います」(菅直人、前出、二一六頁)。これは、憲法的認識としては、あまりにも遅きに失したものであったといわざるをえない。それは、行政監督権の追求を怠ってきた野党と講壇法学の責任でもあった。

内閣総理大臣がついに国会の権限の一つとして《行政監督権》を認めざるをえなかったという事実は、歴代内閣の政府見解からの大転換を意味するものであった。これは、画期的なことである。

それでは、国会のもつ行政監督権とは、どのような権限なのであろうか。以下に、国会の行政監督権として、①公務員の罷免権、②国政調査権、③衆参両院の決算審議権、④内閣不信任決議権をめぐって、その憲法上の原理的意義について考えてみたい。

なお、会計検査院が憲法第九〇条において独立した会計監査機関として設置されていることはきわめて重要な意義があることを、ここで強調しておきたい。問題は、そのような会計検査院が憲法上期待されている権限をこれまでに発揮してこなかったことである。それは、その最高幹部である三名の検査官が内閣の指名によっているところにある。かつ、三名の検査官の互選によってその院長が決まる。これは、まったく憲法を無視するものである。なぜならば、あたかも内閣の下位機関であるかのように扱われている会計検査院がその上位機関である内閣および各省庁を検査することができるとは、考えにくいからである。会計検査院のこれまでの運用慣行によっては、厳格にして徹底した会計監査は期待できないというべきであろう。

会計検査院の三名の検査官とその院長も、国会が任命することが憲法の趣旨であると思われる。これまでの会計検査院は、あたかも内閣の従属機関としてしかみなされてこなかった。憲法第九〇条は、会計検査院を、国会、内閣、最高裁判所に比肩しうる国権の一つとして位置づけていることを、ここで再確認したい。

第一節　国家公務員の罷免権を国会と市民の手にとりもどそう

制度化されていない公務員罷免権

国会には、現行法制上では、大臣を罷免する権限はない。ましてや、国家公務員を罷免する権限はない。しかし、これは、まったく、憲法の趣旨に反するものである。憲法第一五条第一項は、「公務員を選定し、及びこれを罷免することは、国民固有の権利である」として、国民固有の権利の一つとして公務員の選定権と罷免権を定めている。国民の公務員選定権を定めた代表的な法律は、いうまでもなく、公職選挙法である。同法は、「衆議院議員、参議院議員、並びに地方公共団体の議員及び長の職」（第三条）の選挙について定めたものである。同法に対しては、国民の自由な選挙活動に対する規制が強すぎるという批判がある。しかし、同法は、国民の公務員選定権を具体的に制度化した限りにおいては、大いなる意義をもっている。

しかしながら、日本の現行法制においては、国民の公務員罷免権は制度化されていないというべきである。たしかに、「地方公共団体の議員とその議員及び長の職」についての罷免権（リコール権）は、地方自治法において制度化されてはいる。

しかしながら、首相、大臣、国会議員、国家公務員（一般職）、裁判官、検察官に対する国民の罷免権は、まったく制度化されていない。また、地方公務員（一般職）に対する罷免権も制度化されていない。これは、首相以下の特別職および一般職の国家公務員の〝役人天国〟といわざるをえないものである。

なおも、付言するならば、国民による《衆議院の解散請求権》が憲法に明記されることが望まれる。

大臣に対する解任決議に法的拘束力を与えよ

本書第二章ですでにみたように、日本の国会においては、個別大臣の解任（または問責）決議案が可決されたとしても、法的にはその大臣は辞任する必要はまったくない。衆議院または参議院における大臣に対する解任決議は、現行法制上ではその法的拘束力はなく、たんなる政治ショウないしは倫理的要求でしかないのである。

最近の日本の政界では憲法改正をめぐって、〝立法不作為論〟が喧伝されている。それは、これまでに現行憲法下における憲法改正手続法（国民投票法）が制定されてこなかったことを批判しようとする視点から、強調されているものである。それは、憲法改正がなかなか実現しないという〝いらだち〟を表現したものであるともいえる。しかしながら、現行憲法下における立法不作為の代表的なものとしては、首相・大臣・国会議員・国家公務員（一般職）・裁判官・検察官に対する《罷免法制》であるといわなければならない。

ついで、次節でみるように、《国政調査法》がいまだに制定されていないことが、立法不作為の最たるものであるといわなければならない。

もし罷免法制がこれまでに制定されていたとするならば、逮捕・立件されて拘置中の国会議員や有罪判決を受けた国会議員が辞任せずに、国から歳費を支給されつづけるという反国民的な事態はおそらく生じなかったであろう。

憲法第一五条第一項の国民の公務員罷免権は、首相、大臣、国会議員、国家・地方公務員（一般職）、裁判官、検察官を網羅する罷免法制によって保障されるべきである。但し、国家・地方公務員に対する罷免権は、現行の国家公務員法および地方公務員法の改正によって制度化されてもよいであろう。

ベンサムが重視した国民の公職者罷免権

ベンサムは、『憲法典』（第一巻）において、最高構成権力をもつ国民は、その権限として、「選任権」と「罷免権」（リコール権）を、つねに、保持しなければならないことを強調した（拙著『ベンサム「憲法典」の構想』、前出、一九〇頁以下参照）。かりに罷免権が不十分だとするならば、国民の公職者に対する監視機能が弱まり、公職者の政治的腐敗が増殖することを阻止することはできないであろう。ここで、公職者とは、その俸給が国民の税金から支給されている者のすべてを意味することを再確認しておきたい。

ベンサムは、そのような罷免権がつねに国民に保持されていることが、非常に重要であると考えていた。かれは、そのような制度的牽制装置があれば、公職者たちはつねにエリを正してその公職に邁進せざるをえなくなるであろうと期待したのである。

現行の日本国憲法における罷免法制の欠落が、現行憲法下における数々の政治腐敗や一般職公務員の汚職の温床になっていたことを想起したい。罷免の可能性のない身分や地位の保証は、これも、ベンサムが「その公職者のうちに解任されない支配者がいるあらゆる国家は、君主国家である」と喝破しているように（同前、一三一頁）、特権身分性をもつ君主制や貴族制にほかならない。それは、政治腐敗を増殖するだけであろう。現行憲法下における政治家や公務員の政治腐敗は、これを雄弁に証明してきたといえるのである。

第二節　国政調査権を活性化させよう

ザル法・議院証言法

「両議院は、各々国政に関する調査を行い、これに関して、証人の出頭及び証言並びに記録の提出を要求することができる」（憲法第六二条）。

同条文にもとづいて、いわゆる議院証言法が制定されてはいるが、同法自体もザル法といわざるをえないものであり、かつ、同法だけをもって国政調査権を網羅することは全くできない。《国政調査法》が立法されなければならないのである。国会は、国政に関する包括的な調査権を有しており、その権能は具体的に法制化されなければならないのである。

国会は、どのような法律を立法する必要があるかを判断するためには、国政調査を行う必要がある。また、国会は、そのような国政調査なくしては、既に制定した法律の執行状況や有効性を確認することはできないであろう。

憲法第六二条は、国会に国政調査権を明確に保障している。もし憲法にそのような明文上の条文がないとしても、国会には国政調査にかかわる権限があることは、あまりにも明白であるといわなければならない。なぜならば、国会は自ら制定した法律の執行状況やその有効性を調査しなければならないからである。

現行の日本国憲法は、国会に国政調査権を明確に保障している以上、国会はきわめて重要な権限としての国政調査権をもっているのである。

しかしながら、現行憲法六〇年の歴史において、憲法第六二条の国政調査権の具体的な権限は漠然としたものに終始して、いったい国政調査権の名において国会がどのような権限を執行できるのかについては具体的にはほとんど明らかにされてこなかったといわざるをえない。これは、国会自身の怠慢であったといわなければならない。

加えて、国権の最高機関である国会を〝政治的美称〟であると解釈してきた講壇法学が、国会の国政調査権をきわめて限定的な権限におしとどめてきたという事情がある。

立法権・行政権・司法権が相互に対等平等であるとする三権分立論は、国権の最高機関としての国会の権限を不当に貶めつつ、行政権に対する国政調査権を制限する役割を果たしてきたのであった。そのような三権分立論は、立法権からの行政権の独立をことさらに誇張しつつ、国権の最高機関としての国会の権限を貶め、官僚内閣制を正統化してきたのである。

国会の多数派によって指名される内閣総理大臣さらには省庁官僚からすれば、これまでの国会は内閣の操縦可能な客体でしかなかった。すなわち、内閣総理大臣からすれば、国会は実質的には自分よりも下位の機関でしかなかったのである。

こうして、国会の国政調査権は、内閣の側からきわめて大きな制限を加えられて、今日にいたっている。内閣ついで省庁官僚からするならば、国会の国政調査権は、小さく、限定的である方が、好都合だからである。現行憲法下における国会は、内閣総理大臣の圧力に屈して、自らの国政調査権を放棄してきたというも過言ではない。

国会は、憲法第六二条によって付与されている国政調査権という権限を十全に発揮することが望まれている。平たくいえば、国会は、内閣よりもエライのであって、内閣に優越しているのである。だからこそ、国会は、その制定した法律の執行に関してその執行を担当している内閣に対して国政調査権を行使できるのである。国会の国政調査権は、明らかに、内閣のもつ行政権よりも優越した「最高機関」としての国会の権限である。別言すれば、国会には内閣総理大臣の指名権と衆議院の内閣不信任決議権に加えて、国政調査権が付与されているからこそ、国会は内閣に優越する「最高機関」であるといわなければならないのである。

憲法第六二条・国政調査権の内容

ここで、憲法第六二条の国政調査権の内容を確認しておこう。

衆参両院の国政調査権は、①法律が適正に執行されているかどうかを調査し、②行政府の怠慢・不作為ないしは越権行為があればこれを指摘し、③行政府の不正や腐敗行為があればこれを摘発し、④新しい立法や法律の改廃の必要性の有無を判断するために不可欠の権限である。国政調査権は、両議院に付与された権限であって、国会議員個人に付与された特権ではない。

国政調査権は、具体的には、①内閣、官公署その他に対する報告書提出要求（国会法第一〇四条）、②参考人の出頭要求、③証人喚問、などの形をとって行使される。とくに、今日、国政調査権は、憲法の限定的な解釈によって、各議院に設置されている常任委員会ないしは特別委員会の議決によって行使される。したがって、委員会において過半数の賛成がないかぎり、国政調査権が行使されることはない。

このように国政調査権は議会内の多数派の同意なくしては行使されることがない以上、行政府が議会内多数派との一体化においてのみ存続しうる従来の官僚内閣制のもとにおいては、重大な争点をもつ国政上の問題になればなるほど、野党の執拗な要求にもかかわらず、国政調査権が行使される場合が少なくなるという逆説が生じてきたのである。「行政府監視機能の一環としての国政調査権の発動に与党の同意を必要とするという矛盾」が続いてきた（大山礼子『国会学入門（第二版）』、三省堂、二〇〇三年、二〇七頁）。

事実、一九七四年一〇月に国会で問題となり、二ヵ月後にはついに田中角栄内閣を総辞職に追い込むことになったいわゆる〝田中金脈問題〟は、自民党の拒否によって国政調査権は有効に発揮されずに、「職員は、職務上知ることのできた秘密を漏らしてはならない。その職を退いた後といえども同様とする」（国家公務員法第一〇〇条第一項）という〝守秘義務〟のまえに敗退してしまう始末であった。こうして、〝田中金脈問題〟は、内閣総辞職という重大事をまねいたこととは裏腹に、なにひとつ解明されずに、ウヤムヤのうちに黒い霧のなかに隠されてしまったのである。

また、一九七六年二月に突如としてアメリカ上院外交委員会多国籍企業小委員会公聴会において暴露されたいわゆる〝ロッキード疑獄〟に際しては、日本の国会でもまず最初に衆議院予算委員会において例外的に証人喚問が行われたが、これはむしろアメリカ議会の証人喚問における厳粛な権威との差違をまざまざとみせつける結果に終わっている。

それから今日にいたるまで、国会においては、証人喚問がしばしば行われたけれども、そこで証人たちが多用した証言は、「記憶にありません」であった。証人喚問は、〝国会侮辱〟を公然と認めて終わるのが常であった。

国政調査権に関しては、日本の国会は、その熱意、その予算、そのスタッフにおいて、あまりにも貧弱すぎるといわざるをえない。これは、日本が官僚内閣制に堕してきたところに起因している。それは、政権交代なき自民党の長期政権によって、「臭い物に蓋をする」、あるいは、「長い物には巻かれよ」式の政治スタイルが定着したからでもあった。国政調査権の活性化のためにも、たえざる政権交代が望まれる所以である。

このようにみてくるならば、現行憲法下においては、国会の国政調査権は〝錆びたナイフ〟か〝竹光〟のように、ほとんど有効には機能してこなかったといわざるをえない。これは、官僚法学はもちろん、講壇法学によって国会の国政調査権がきわめて限定的に解釈されてきたことによっている。

そのような講壇法学をうのみにして、国会自身が国政調査権の日常的な発動を自ら制約してきた。国会は、自ら国政調査権を竹光化し、形骸化してきたのである。すなわち、その責任は、国会自身にあったといわなければならない。別言すれば、国会は自分の固有の権限である国政調査権を自ら放棄してきたといわざるをえないのである。

国会は、国政調査権の放棄にちかい状況を猛省しつつ、憲法において明確に付与されている国会固有の権限である国政調査権を実効化しうる法制を立法化することが必要である。

国会は、すみやかに、《国政調査法》を制定すべきである。これによって、国会の誇りと名誉（プライド）を確立することになるからである。

これから制定されるべき《国政調査法》は、少なくとも、次の二つの要件が確保されなければならない。

① 〝刑事訴追の可能性〟を理由とする証言拒否、および、報告書・記録の提出拒否を認めない。犯罪をおかしたと思われる場合には、それを自供するのが当然のこととされているからである。

② 国家・地方公務員の〝守秘義務〟をタテにとった証言拒否を認めない。公務員が職務上知りえたことが、国会の国政調査権に優越するなどということはありえないからである。

憲法第三八条第一項は、「何人も自己に不利益な供述を強要されない」と定めている。この条文の前では、国会の国政調査権は、すべて〝無〟になってしまうであろう。

　しかしながら、同条文の趣旨は、国政にかかわる事項についての証言拒否および報告書提出拒否を認めているものではないというべきである。国政にかかわる、つまり、個人のプライバシーを超える公的事項については、たとえそれがその個人ないしは公職者にとって不利益であったとしても、国政調査権が発動されるものと解釈されなければならない。

国会法第一〇四条は政府与党の「隠れみの」

国家・地方公務員（特別職と一般職）の〝守秘義務〟が国会の国政調査権を拒否できるとする現行の法運用は公務員の自己防衛のためのものであり、とうてい認めることはできないものである。これは、国家・地方公務員法が憲法第六二条を否定するものであって、本末転倒にして、憲法上ありえない倒錯的な運用にほかならない。

　これまでそのような倒錯的な運用が罷り通ってきたのは、前述したように、現行憲法下における自民党の長期単独政権において、国会に対して内閣・官僚が優越してきた官僚内閣制の証明の一つにほかならないのである。

　それは、国会の国政調査権に対して、内閣が公務員の〝守秘義務〟をタテにとり、その国政調査権の行使を妨害してきたことを意味する。国家・地方公務員法が憲法を超越しているような現状は、完全に、法治主義に違反しているといわなければならない。

　さらには、国会法第一〇四条第一項を改正することが必要である。同条は、次のようになっている。「各議院又は各議院の委員会から審査又は調査のため、内閣、官公署その他に対し、必要な報告又は記録の提出を求めたときは、その求めに応じなければならない」。

このような規定は、国会の国政調査権を制限するいわば〝自縄自縛〟に陥っているものといわざるをえない。各議院又は各議院の委員会は、通常、政府与党が多数派である。そのために、多数派にとって都合の悪い事案についての国政調査権の発動が、しばしば、封じられてきた。その意味での国会法第一〇四条は、政府与党にとっては誠に都合のよい〝かくれみの〟として機能してきたのである。

〝隠し事は許されない〟、〝疑惑は明らかにされなければならない〟をモットーにして、国政調査権が発動されうるような国会法第一〇四条の改正と《国政調査法》の制定が求められている。その場合、衆議院においては議員五〇人以上、参議院においては議員二〇人以上の連署にもとづく要求があった場合には、その要求事項について国政調査権が発動される方向での改正が検討されるべきである。ここで衆議院は五〇人以上、参議院は二〇人以上という基準は、議員立法の際の予算を伴う法律案の発議の要件を勘案したものである（国会法第五六条第一項参照）。

現行の国会法第一〇四条は、政府与党が国政調査権を封じ込めようとするものであり、〝秘密かくし〟を公然と認めようとするものであって、憲法第六二条の趣旨をねじ曲げるものであるといわざるをえない。その意味でも、《国政調査法》の制定は、国会の急務であるといわなければならないのである。

第三節　国会は決算委員会を活用しよう

決算委員会は〝開店休業中〟

国会の衆参両院には、二〇一三年三月現在、それぞれ一七の常任委員会が設置されている（国会法第四一条）。これらの委員会は、それぞれ国政調査権を有し、その国政調査権を活用して行政監督に当たらなければならない。

とりわけ、衆議院の決算行政監視委員会、および参議院の決算委員会には、国会の行政監督権という視点からすれば、きわめて重要な役割が課せられている、といわなければならない。なぜならば、この二つ委員会は、まさに、行政監督を主眼として設置されている委員会だからである。

衆参両院の決算委員会の審議対象領域は、国政のあらゆる分野に及ぶ。それは、衆参両院の予算委員会の審議対象領域とまったく同じであるといえる。予算委員会は、国政を事前的に審議しつつ国政のあるべき方針を決定しようとするものである。

これに対して、決算委員会は国政の事後的点検を主要な任務とする。同委員会には、国政全般にわたり、その執行状況と不執行状況を点検・精査しつつ、問題点があればこれをさらに深く追及し、その是正措置を勧告・決議するとともに、次の立法予算にいかすことが求められている。その審議過程で、必要があれば、同委員会は、参考人招致や証人喚問を行うであろう。それによって、問題点を洗い出すことが同委員会に課せられているからである。

ところで、そのような意味合いにおいて、現行憲法下の衆参両院の決算委員会が国民の注目を集めたことがあったであろうか。その権限を悪用した一部の悪徳政治家の事例を除けば、決算委員会はながく〝開店休業〟におちいっていたというも過言ではないであろう。

国会のもつ行政監督権が橋本内閣以前の歴代内閣によって否定されてきたという事情を勘案したとしても、現行憲法下における衆参両院の決算委員会は、あまりにもその権限に無頓着であり、憲法において付与されている権限を自ら放棄してきたのである。再度強調するが、決算委員会は、最近までは、〝休眠委員会〟といわざるをえないのが実態であった。

国会がその権限を自覚していたならば、かくもお粗末な決算委員会に陥ることはなかったであろう。この事態は、自民党の長期単独政権がもたらした結果でもある。このことが、行政府の汚点を故意に隠蔽し、行政府内部の汚職が増幅することを許してきたのである。そのことが、ひいては行政組織の劣化をもたらしてきたといえるのである。それは、国会が行政組織を監督できなかったことの証左でもある。

国政全般に及ぶ決算委員会の権限

衆参両院の決算委員会の審議対象領域は、明らかに、会計検査院のそれよりも広範囲であり、国政全般に及ぶものと解釈されるべきである。その範囲は、その足元の国会自身の事務局組織にも及ぶものである。さらには、公務員の服務規律にも及ぶものである。

これに対して、会計検査院は、その名称の通り、その検査対象は、国の予算の執行にかかわる〝会計〟に限定されている。同院がカバーできない分野においてこそ、衆参両院の決算委員会がもつ行政監督権の展開が期待されているのである。

衆参両院の決算委員会は、国政全般に対して、①権力の濫用はないか、②法律と政府予算が適正に執行されているか、③その不執行はないか、を点検しつつ、問題点ないしは汚点があれば、それらを洗い出すことが、その権限であると同時にその義務でもあることを自覚しなければならない。

さらには、会計については、衆参両院の決算委員会と会計検査院のコラボレーション（連携）を制度化することが必要であろう。具体的には、両院の決算委員会に会計検査院からの定期的ならびに臨時の会計報告書提出や同委員会への会計検査院からの参考人招致が考えられる。

政界の浄化は、国会の衿持にかかっていることを自覚したい。

〝悪いことは悪い〟のであって、国政レベルでこれを是正すべき第一の任務をもっているのは、国会自身なのである。この課題は、《政治》課題であって、検察庁や警察庁の司法課題でもない。その意味でも、衆参両院の決算委員会は積極的な役割を果たすべきなのである。

衆参両院の決算委員会の活性化の方策

それでは、衆参両院の決算委員会の活性化のためには、どのような方策が考えられるのであろうか。

第一に、同委員会は、政治の課題としての行政監督の《最後のトリデ》であるとする自覚とプライドをもたなければならない。これなくしては、これまでと同様に、同委員会は、ただ惰眠をむさぼるだけであろう。それは、行政府としての内閣に屈伏する憲法違反の屈辱に陥るものでしかない。同委員会には、行政府に対して国会の優越性を断固として示すためにも、その権限を十全に行使することが求められている。

第二に、同委員会には、法律に精通する議員、会計に精通する議員、行政府の内部事情に詳しい議員を当てるべきである。同委員会は、法律、会計、行政府についての専門的な知識をもつ議員をもって構成されるという慣行を確立すべきである。

第三に、同委員会は、国会の閉会中でもその審議を行い、ほぼ通年制の委員会として、常時、その審議を行うことである。同委員会は、そのような委員会として、国会内においても、また、マスメディアにおいても、注目される機能を発揮したい。極論すれば、同委員会は、常時、参考人招致や証人喚問を行いつつ、行政府の権力濫用（越権行為）、不作為、汚職をえぐり出す機能を発揮したい。さらには、同委員会には、予算をともなった政策の当否やその予算額の妥当性を審議する機能も求められている。

第四節　内閣不信任決議権こそが究極の行政監督権である

解散権とは何か

〝解散権〟という権限は、現行憲法下においては、どこにも明記されていない。いったい、解散権とは何か。

内閣総理大臣は、常時、解散権をもっているとされる慣行がつづいてきた。もし内閣総理大臣にそのような解散権が憲法において認められているとするならば、内閣総理大臣の方が国会よりも優越した権限をもっていることになるであろう。

首相が国会よりもエライのであろうか。首相は、国会から指名され、行政府の長としての職務を遂行すべきことが義務づけられている国会からの〝出向者〟にすぎないのである。〝出向〟とは、『広辞苑』によれば、「命令によってある所に行くこと。命令で他の会社や役所の仕事につくこと」である。

首相は、まさに、国会が行政府に配属した国会からの〝出向者〟にすぎない。この点を、絶対に、忘れてはならない。現行憲法下においては、首相はあくまでも国会の従属的権力にすぎない。ここでも、三権分立論は成立しえないのである。

「内閣は、衆議院で不信任の決議案を可決し、又は信任の決議案を否決したときは、十日以内に衆議院が解散されない限り、総辞職しなければならない」(憲法第六九条)。

この条文は、首相の〝解散権〟を認めるものではない。その逆である。同条文は、国会の内閣に対する究極的な行政監督権を規定しているものである。衆議院は、内閣に特別に譴責されるべき理由があると認めた場合には、その内閣に不信任決議を可決することによってその総辞職を迫ることができる。

これは、国会の行政監督権の究極的な権限である。否、むしろ、それは、国会の内閣に対する《懲罰的権限》であるといわなければならない。国会つまり衆議院は、内閣に対して、行政監督権をこえる《懲罰権》としての内閣不信任決議権を憲法によって付与されているのである。内閣不信任決議権は、国会がもつ〝国会からの出向〟の取消権であるとも別言できる。

衆議院は、行政府と国政上の政策において重大な対立が生じた場合には、あるいは、行政府に国政上において重大な怠慢ないしは越権行為があると認めた場合には、さらには、行政府に重大な不正腐敗行為があると認めた場合には、行政府に与えた《信任》を取り消すことができる。衆議院の内閣に対する《不信任決議》がこれである。それは、立法府の行政府に対する行政監督権の究極的な権限である。したがって、この権限は本来的には内閣に総辞職を迫るものであるが、内閣はこれに対抗して衆議院を解散することができる。

このような内閣不信任決議による衆議院解散は、立法府と行政府の争点について総選挙を通して国民にその審判を求めようとするものである。衆議院総選挙は、不信任された内閣からするならば新しい多数派の獲得戦であり、不信任決議をした衆議院多数派からするならば現内閣を最終的に打倒して新内閣を確立するための政治決戦となるであろう。

しかしながら、この意味での衆議院総選挙は、現行憲法下における戦後解散史においては例外的なのである（拙著『現代政治と民主主義（増訂版）』、一九九九年、晃洋書房、二一三頁以下参照）。六九条解散は、①一九四八年一二月の第二次吉田内閣、②〝バカヤロー解散〟といわれた五三年三月の第四次吉田内閣、③八〇年五月の第三次大平内閣、④九三年六月の宮沢内閣によってなされただけであった。

「七条解散」は憲法第六九条を蹂躙する

それ以外の解散はすべて、憲法第七条にもとづくものであり、内閣の助言と承認によるところの天皇の国事行為の一つとしてなされてきたのである。つまり、衆議院の内閣不信任決議によるものではなかった。

このような従来の七条解散は、憲法第六九条を蹂躙するものであって、憲法違反が公然と罷り通ってきたのである。七条による解散は、衆議院における「内閣の不信任決議案の可決、又は信任決議案の否決」を不可欠の要件（条件）としているといわなければならない。すなわち、この要件が満たされた場合にのみ、内閣の助言と承認により、天皇の名において衆議院が解散されるのである。

ここで、別の例をあげてみたい。憲法第七条は、「天皇の国事行為」の一つとして、「憲法改正、法律、政令及び条約を公布すること」をあげている。従来のような七条解散がかりに合憲ないしは憲法慣行であるとするならば、内閣はこの七条を根拠にして法律を制定し、内閣の助言と承認により天皇の名において、これを法律として公布することができることになる。

もしこんなことが許されるならば、それは国会を完全に無視する〝内閣独裁〟になってしまう。すなわち、法律が天皇の名において公布される場合、国会におけるその法律案の審議・可決という大前提（要件）が満たされていなければならないのである。その意味でも、従来の七条解散は憲法の趣旨をまったくねじ曲げるものであって、公然と憲法に違反する事態が罷り通ってきた。首相が、常時、つまり、無条件的に、解散権をもつとするこれまでの憲法解釈とその運用は〝首相専制〟にほかならないのである。

なお、自治体の首長は、その自治体議会の不信任決議なくしては、むやみに議会を解散することができないことを、ここで付言しておきたい。

ところが、国会レベルでは、いつの間にか、〝解散権〟なる権限が捏造されて、これは〝総理総裁〟の〝専権事項〟とされるに至った。そうして、解散権は、総理総裁の〝伝家の宝刀〟と神秘化されるに至ったのである。

また、七条解散については、内閣が天皇の「国事行為」という権限を流用するものであって、憲法の象徴天皇制という趣旨に反するという解釈も成りたつのである。

第五章　ベンサムの議会改革論

第一節　ベンサムの「最高立法議会」構想

ベンサム『憲法典』と日本国憲法

日本国憲法における国会の権限について述べてきた本書において、ジェレミ・ベンサムについての一章を設けることとは、ある種の唐突感を免れえないであろう。ここでベンサムにあえて言及するのは、私が、長年にわたり、ベンサムを研究してきたという事情に加えて、ベンサム『憲法典（第一巻）』（一八三〇年）が日本の現行憲法における国会と内閣と裁判所の関係を考える上で、たいへん参考になると思われるからである。ここで、私は、ベンサム『憲法典』のうちに、普遍的な憲法原理のみならず日本国憲法の原型があることを強調したい。

近代デモクラシーに鋭い問題提起をした思想家の一人にルソーがいる。その考え方を、『社会契約論』（一七六二年）にみてみよう。その考え方は、デモクラシーにおいては支配の主体と客体が一致することをかれが強調したところにある。ここで、支配の主体とは政治的支配者であり、支配の客体とはその服従者（つまり支配される国民）である。

理想的なデモクラシーにおいては、その主体と客体とが一致する、とルソーは述べた。それまでの人類史上における支配は、支配する一人ないしは少数者と支配される圧倒的な多数者である国民との分裂の上に成立していた。支配者が一人である場合には「君主制」とよばれ、少数者である場合には「貴族制」とよばれていた。

デモクラシーのみが、政治的支配における主客の統一体なのである。そして、その限りでは、ベンサムもまたルソーと同じであった。

しかしながら、直接民主主義を主張したルソーは、『コルシカ憲法草案』（一八六一年）と『ポーランド統治論』（一七八二年）を別とすれば、その政治制度論としての著作を書いていない。かれの小規模社会の直接民主主義論からすれば、特別な政治制度は必要なかったからである。市民が大きなカシの木のある広場に集まり、国政について討論することによって、すべてが円滑に運ばれてゆくはずだからである。

これに対して、大規模社会のデモクラシーの形態は議会制民主主義しかありえないと主張したベンサムにあっては、①議会をどのようにして構成するか、②議会と内閣の関係、③議会と行政組織の関係、④議会と裁判所の関係を、政治制度論上の課題とせざるをえなかった。かれは、これらの課題を、『憲法典』において解き明かそうとしたのである。

ベンサム『憲法典』（第一巻）は、一八三〇年に公刊された。同書は、全三巻として構想されたものであったが、かれの生前には第一巻しか公刊されず、『憲法典』は未完の大著に終わったのである。

ベンサム『憲法典』が日本で紹介されなかった理由

ここでは、『憲法典』（第一巻）において展開されている《最高立法議会》について紹介しつつ、これを日本国憲法における《国権の最高機関としての国会》を取り戻すヒントとしてゆきたい。なぜベンサム『憲法典』が日本では憲法学者によってほとんど紹介されなかった理由も明らかとなるであろう。

晩年のベンサムは、君主制の廃止と共和制社会への移行を大前提としつつ、『憲法典』を展開する。ここでは、かつての啓蒙専制論とは全く異なり、国民主権が明確に宣言される。その国民主権の中核に《最高立法議会》がある。この最高立法議会はどのようにして選出されるのであろうか。

最高立法議会議員の選挙権をもつ国民は、二一歳以上の男子である。ベンサムは、その他の著書においては女性の選挙権を原理的には主張しているが、『憲法典』においては女性の選挙権を〝世論が熟していない〟という理由で、これを否定した。

選挙権をもつ市民は、《最高構成権力》をもつ。この最高構成権力という構想には、シェイエスの影響を看取することができる。この権力は、最高立法議会議員を選出する権力であり、かつ場合によってはその議員を解任し懲罰を加えうる権力である。

ベンサムにあっては、最高構成権力をもつ市民が、つねに、不断に、そのような選挙権・解任権・懲罰権を留保することによってのみ、同議会議員の国政への精励が確保され、かつ、問題のある議員を解任することができるのである。

最高立法議会議員がその職務に精励し、汚職に手をそめることがないような政治制度をつくるためには、市民にその究極的な権限として同議会議員の選挙権・解任権・懲罰権がつねに確保されていなければならない。

かりに市民による解任権が行使される場合には、必要に応じて、懲罰権が行使される。ここで懲罰権とは、解任される当該公職者に解任だけでは不十分であると考えられる場合に、刑罰を加えようとする制度である。

ベンサムにあっては、市民は、その掌中に、つねに、議員個人に対する①選挙権（任用権）、②解任権（リコール権）、③懲罰権を留保していなければならないのである。

日本国憲法第一五条第一項は、「公務員を選定し、及びこれを罷免することは、国民固有の権利である」と規定している。しかし、すでにみたように、国民の公務員に対する罷免権と懲罰権は〝立法不作為〟によって、自治体を除いては、まったく実現をみていない。

なお、ベンサムの最高立法議会議員の任期は一年であって、その再選は原則として禁止されている。これは、権力の座を長期間にわたり占有することによって政治腐敗が増幅することを防止しようとするものであり、より直接的にはその当時においては〝世襲議員〟が跋扈していたことを根本的に改革しようとするものであった。ベンサムのこのような選挙制度においては、議員は一年ぽっきりで退任しなければならず、世襲議員は生まれようもない。

ベンサムは、最高立法議会の議員をその選挙民の《代理人》であるとしている。議員は、選挙民の代理人であって、選挙民の意志を忠実に議会に反映しなければならない。かれは、〝信託〟という概念をこえる《代理人》という概念を強調した。したがって、かれは、最高立法議会の議員を〝代議士〟と呼ぶことはなかった。

それでは、最高立法議会は、どのような権限をもっているのであろうか。同議会は、基本的には、国政全般について《絶対的権限》をもっている。同議会は、日常的には法律の制定と改廃という立法機能を果たしているが、さらに、次のような権限をもっている。①行政権の長である首相の選任権・罷免権・懲罰権、②司法権の長である司法大臣（今日の日本の最高裁判所長官）の選任権・罷免権・懲罰権、③行政権を担う大臣の罷免権・懲罰権、④裁判官の罷免権・懲罰権、⑤内閣が行なった行政的施策と裁判所が下した判決の取消権。

同議会は、たとえば、裁判所が下した判決を、もしそれが不当であると判断した場合には、これを取り消すことができるのである。

権力分立論を根底的に排除

ベンサムは、すでに第三章で紹介したように、最高立法議会・行政府・裁判所の《機構分立》は認めたけれども、〝権力分立論〟を根底的に排除した。かれによれば、権力分立論は、国内にアナーキー（無政府状態）をもたらすだけであって、政治制度上ではなんらのメリットもない。権力分立論は、国民のもつ最高構成権力に制限を加えようとするものでしかない。別言すれば、最高構成権力をもつ国民には、どのような制限もありえないといえる。国民は、その権限として、機構分立している最高立法議会の議員、および、行政府と裁判所に服務している公職者に対するリコール権をつねに留保しているのである。

これをさらに敷衍するならば、主権者である国民のもつ最高構成権力が、分割されたり、なんらかの制限を受けなければならない理由はまったくないのである。これを俗にいうならば、〝余計なお節介はやめてくれ〟ということになる。国民主権の下においては、そのような権力の分割や制限は論理的にありえないことである。それは、すでに、ルソーが強調したことでもあった。

ベンサムの最高立法議会構想にあっては、内閣と裁判所はあくまでも最高立法議会の下位にあるその従属的機構にすぎない。同議会は、形式的にも実質的にも、《国権の最高機関》であって、国権の中で一番エライ権力である。

ここで、ベンサムの統治構造論をみておきたい。これを図示したものが、**図1**である。結論的

図1　ベンサムの国家権力構造図

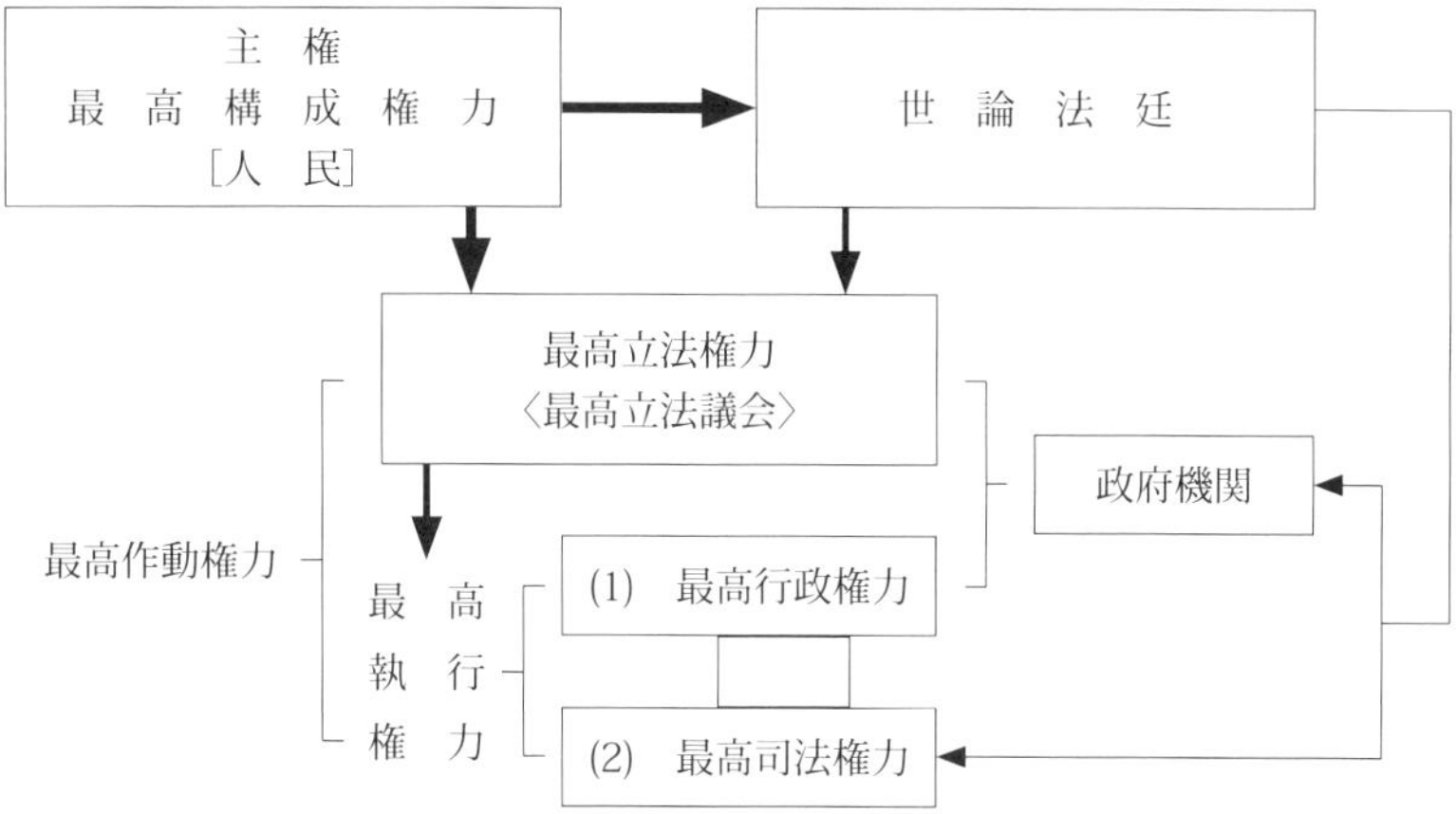

にいえば、かれは、統治機関から裁判所を除外しているのである。

ベンサムは、最高立法議会・行政権（内閣）・司法権（裁判所）を「作動権力」であるとしている。その上で、かれは、内閣と裁判所を「執行権力」であるとしている。この執行権力としての内閣と裁判所は、最高立法議会に従属しているその下位権力である。なぜならば、内閣と裁判所は、いずれも、最高立法議会の定めた命令としての法令を執行する機関にすぎないからである。

ここでは、ベンサムが裁判所を政府機関から除外していることに注目したい。かれは、最高立法議会と内閣をのみ、「政府機関」であるとしている。その理由は、『憲法典』（第一巻）に明示されている。

「立法議会が定めた法令を執行し、その効力を確保することは、行政権に属する。それは、立法権によって特別の管理下に置かれている市民と事物に関する限りにおいて、かつ、法廷での訴訟が存在しない時に限り、行使される」(『憲法典』第一巻、第四章第四条)。

「立法議会が定めた法令を執行しその効力を確保することは、裁判権に属する。裁判権は、法の解釈ないしは事実の解明に関して、法廷での訴訟が存在する限りにおいて行使される」(同前、第四章第五条)。

内閣と裁判所は、「立法議会が定めた法令を執行しその効力を確保する」限りにおいては同じ目的をもつ権力であり、この両権力は「執行権力」と定義される。

それでは、この両権力は、どこが違うのであろうか。

内閣という権力は、最高立法議会が定めた法令において特別な管理下におかれている市民や事物に対して行使される。すなわち、それは、最高立法議会の定めた法令が適用される市民や事物に対して行使される権力である。

他方、裁判所のもつ権力は、法の解釈をめぐって、ないしは事実の認定をめぐって、訴訟が提起される時にのみ発動される。すなわち、法廷への訴訟が提起されない限り、裁判所は、その機能の休止状態つまり休眠状態にあり、日常的にはその権限が行使される権力ではない。

そこで、ベンサムは、裁判所を政府機関から除外したのである。それは、モンテスキューの裁判権の独立を全面的に否定するものであった。

ベンサムによれば、裁判権の独立はありえない。裁判権は、法廷への訴訟が提起された場合にのみ発動される臨時的にして非日常的な権力でしかないのである。

最高立法議会こそが国権の唯一の最高機関であって、内閣と裁判所は同議会が決定した法令の忠実な執行機構にすぎない。ベンサムにあっては、たとえば、罷免決議がなされた首相には最高立法議会の解散権はない。同議会の従属的権限しかもたない首相が同議会を解散するなどということは、まさしく奇想天外のことであって、とうてい認められることではなかった。

また、裁判所は、最高立法議会の制定した法令についてのいわゆる違憲法令審査権をもたない。同議会の下位機構でしかない裁判所がその上位機構をチェックするなどということはありえないのである。

ベンサムの最高立法議会の行政監督権は、究極的には、首相と大臣に対する罷免権と懲罰権によって、つねに留保されている。同議会は、譴責されるべきであると認められる場合には、首相と大臣のみならず、その他の公職者を罷免することができるし、ときには懲罰を加えることができる。さらには、同議会は《裁判監督権》ともいうべき権能をもつ。同議会は、①裁判所の下した判決の取消権、および、②裁判官の罷免権をもっている。

このような絶対的権限をもつ最高立法議会が専制化する危惧はないのであろうか。デモクラシーとは、本来的には、《多数者支配》を意味する政治形態である。それまでの人類史における支配形態としては、そのような多数者支配はほとんどありえなかった。政治的支配とは、いつの時代においても、どこの国においても、一人の支配者（君主制）か少数者支配（貴族制）であった。

そして、それらの支配のほとんどは、専制政治と化すのが常だったのである。多数者が支配者となるデモクラシーにおいては、そのような専制化はありえないのであろうか。

ベンサム『憲法典』の数年後に、トクヴィル（一八〇五―五九年）は『アメリカの民主主義』（一八三五―四〇年、邦訳、講談社文庫）を公刊して、アメリカのデモクラシーが〝多数者専制〟に陥る可能性を指摘した。その影響を受けたJ・S・ミル（一八〇六―七三年）も、『自由論』（一八五九年、邦訳、岩波文庫）と『代議制統治論』（一八六一年、邦訳、岩波文庫）において、デモクラシーにおける多数者専制の可能性に警告を発している。

ベンサムは、デモクラシーが多数者専制に陥ることがありうるとは考えなかった。［国民は誤ることはありえない］とする楽観的な国民観があったからである。

しかしながら、ベンサムは、最高立法議会と行政権の担い手である内閣が専制化することがないような政治制度上の装置づくりを提起している。その政治制度は、すでにみたように、①議員任期一年制であり、②リコール権であり、③首相の四年任期制とその再任禁止制である。なお、ベンサムは、首相が議員を兼任することを禁止している。このような装置によって、ベンサムは、最高立法議会ないしは内閣が専制化することを事前に阻止することができると考えていたのである。

《世論法廷》への期待　情報公開制

くわえて、ベンサムには《世論法廷》への期待があった。世論法廷は、世論にもとづく立法・

行政・裁判を勧奨し督励しようとするものである。世論法廷は、世論の審判にもとづく政治を目ざそうとする。

ある問題に市民が関心をもち、それについての世論が沸き起こり、一定の結論に至るとしよう。議会と内閣と裁判所は、そのような世論による結論を尊重しなければならない。ここに、《世論審判政治》が実現を見る。仮にそのような世論法廷の結論に従わない公職者が出現すれば、世論法廷は、次の段階として、その公職者に対するリコール請求へと展開するであろう。

ベンサムは、世論法廷の機能として、①実態開示的機能（証拠提供的機能）、②批判的機能、③執行的機能、④改善勧告的機能、という四つの機能をあげている。

ある問題についての世論法廷の形成の契機は、①の実態開示的機能にある。まずは、世論は、議会と内閣と裁判所にかかわる情報収集から始まる。そして、世論は、ときには批判的に、ときには不作為や過剰介入（越権行為）の是正に動き、ときにはその改善を勧告するであろう。

ベンサムにおいては、世論法廷は議会制民主主義をその根底において支える決定的な土台として位置づけられている。その構成員の資格は、その問題に関心をもつ、①選挙権をもつ市民、②選挙権をもたない市民、③外国人、である。世論法廷においては、その問題に関心をもつ者が、外国人を含めて、自由に発言し、討論（意見交換）する。その結果として出された結論が、世論法廷の《審判》となる。

ベンサムは、そのような世論法廷にとって不可欠の条件として、《パブリシティの最大限化》

を強調した。パブリシティとは、いわゆる《情報公開制》である。市民は、健全な世論を形成するためには、正確な情報を共有しなければならないであろう。かれは、最高立法議会については各議員の出欠状況や議事録のすみやかな公開を要求し、内閣については膨大な行政情報を「白書」という形で公開すべきであることを要求した。

日本では、国政レベルでの情報公開法が二〇〇一年五月に施行されたけれども、それはきわめて不十分にして不親切なものにとどまっている。国民主権と民主政治においては〝隠し事〟は許されないことを、ここで、改めて肝に銘じなければならない。

ベンサムは、世論法廷の具体的な媒体としては《新聞》に大いなる期待を寄せていた。新聞を仲介として、ある問題についての討論が展開されて、ある世論として形成される。こうして、新聞は〝悪政〟に対する予防装置として位置づけられている。かれは、悪政に対する保障を、①出版の自由、②公開討論の自由、③結社の自由、のうちにみていた。

ベンサムは、最高立法議会の下に常設される機関として「立法調査局」を構想した。同局は、新しい立法の必要性について調査・検討して、そのための資料や証拠を収集する機関である。同局は、あくまでも、その機能としては政治的・経済的・社会的な事実についての「証拠収集機能」を主眼としている。

同局は、立法に必要な証拠を収集するために「証拠収集委員会」を置くことができる。その委員は、「立法証拠収集官」と呼ばれる。同委員会の役割は、「立法調査報告書」を作成して、これを最高立法議会に提出するところにある。最高立法議会は、その報告書にもとづいて、新しい立法の必要性や既存の法律の改廃の審議に入ることになるであろう。

しかしながら、立法調査局と証拠収集委員会の規模は、かなり小規模のものであって、膨大な役人を擁する機関ではない。それは、ベンサムが、もともと、《小さな政府》を大前提として、『憲法典』を書いたからであった。

ベンサムは、最高立法議会の内部に、その必要に応じて、臨時に設置される特別裁判所として「立法刑事裁判所」を構想した。同裁判所の裁判官は、原則として、現職の議員の中から三人ないし五人が秘密投票によって選出される。

同裁判所は、次にかかげる公職者が、違法行為ないしは職権濫用を犯したとして告発された場合に、その当該公職者を裁判するために特別に設置される。その対象者は、①最高立法議会のすべての現職議員、②同議会のすべての前職議員、③現首相を含むすべての首相経験者、④現司法大臣を含むすべての司法大臣経験者、である。

なお、告発された公職者が現職の議員・首相・司法大臣の場合には、その解任が成立し、かつ、解任のみでは不十分で懲罰を加える必要があると認められる時には、同裁判所においてその量刑についての裁判がなされる。

立法刑事裁判所の下す判決は、最終的なものであって、被告人は控訴することはできない。これは、不法行為を働いた公職者をすみやかに処罰して、その刑事責任を問おうとするものである。

ベンサムは、これによって政治腐敗が増殖することを予防しうると考えていた。かれは、最高位にある公職者に対する処罰は可及的にして速やかに行なうことが、その政治的責任を問う上で、きわめて重要なことであると考えていた。それは、すべての公職者に対する重大な警告となるからである。

日本の国家公務員法は結果責任を問うことのない無責任法

ベンサムが目ざした理想的な議会制民主主義は、究極的には、あらゆる公職者の職務上の責任が《結果責任》として問責される政治制度である。ここで〝公職者〟とは、その俸給が〝税金〟から支給されているすべての者を意味することを再確認しておきたい。それは、最高立法議会議員から自治体議会議員、さらには、行政府と裁判所に勤務するあらゆる公務員を含む。

今日の日本では、刑事訴追の事案を除くならば、公務員が行政上の結果責任を問われることはほとんどない。とくに、日本の国家公務員法は、国家公務員の特権のみを強調して、その行政上の結果責任を問うことのない無責任法に堕しているといわなければならない。

ベンサムが公職者のそのような結果責任を問う憲法体制をつくろうと腐心した理由は、あらゆる公職者に対して《国民の高等召使》(people s upper servants)・《公平無私》(fairness)・《不偏不党》(impartiality)・《職務精励》（assduity）への動機づけを行おうとするところにあった。

ベンサムは、あらゆる公職者に対して、①道徳的適性能力、②知的適性能力、③職務適性能力の最大限化を要求した。そして、かれは、これらの三つの適正能力のうちのいずれか一つにでも欠陥が認められる公職者は、解任されるか、リコール請求の対象となる、と主張したのである。

ここで、道徳的適性能力とは、すでにみたように、《国民への奉仕》・《公平無私》・《不偏不党》である。あらゆる公職者は、「全体の奉仕者であって、一部の奉仕者ではない」（日本国憲法第一五条第二項）。ベンサムが強調しようとしたことは、まさに、日本国憲法第一五条第二項そのものなのである。

ベンサムは、《立法議会》中心主義を強調しつつ、〝政党〟を全面的に否定した。この点では、ルソーもまったく同様であった。当時は「啓蒙理性」への信頼のため、理性の党派性はいまだ理解されていない時代であった。

そのためにベンサムの最高立法議会においては、政党の姿をみることはできない。かれは、二〇世紀において常態化するいわゆる〝政党政治〟を予見することはできなかった。したがって、かれは、最高立法議会議員に対しても、《不偏不党》という道徳的義務を求めたのである。仮にそのような道徳的適性能力に欠けると認められる公職者があれば、かれはある一定の手続きを経た上で、解任されるであろう。

公職者の知的適性能力については、主として、行政府と裁判所の公職者にかかわるものであり、それは、《公開競争試験》によって確保される。それは、その当時においては、いわゆるコネ採用が常態であったことを全面的に改革しようとするものであった。

公職者の職務適性能力とは、《職務精励》への自覚と努力である。それは、まず、すべての公職者は、毎日、その義務とされている勤務時間帯に忠実に勤務しなければならないとするものである。すなわち、遅刻や早退は許されない。その当時においては、高級の公職者になればなるほど、勤務開始定刻には遅れて出勤し、その上、退勤定刻よりも早く退勤してしまっていた。いわば、遅刻と早退が常態化していたのである。ベンサムは、逆に、高級の公職者こそ、その職責上、早朝に出勤して、退勤定刻よりも遅くまで勤務しなければならない、と主張した。

ベンサムが目ざした理想的な政府は、《税金の安い政府》である。かれは、これを実現するための方策の一つとして、植民地の獲得とその経営に反対した。かれにとっては、植民地は〝ゼニくい虫〟だったからである。

かれは、安上がりの政府を実現するためには、どのような政治制度が最良であるのかを探求しようとしたのである。かれが到達した結論は、君主制と貴族制を廃止しつつ、国民主権にもとづく代表制民主政治（今日の日本でいえば議会制民主政治）を実現するしかないというものである。そうして、その上で、かれは、すでにみたような三つの適性能力をすべての公職者が十全に自己実現できるような憲法態勢を確立しなければならない、と説いた。さらには、かれは、その適性能力に欠陥があるとみとめられる公職者を国民はいつでもその審判権（リコール権）を行使することによって罷免することができる政治制度を構築しなければならない、と説いたのである。

ベンサムは、すべての公職者に対して、前述の三つの適性能力を涵養しつつ、これを自己実現しなければならないという義務を課した。これは、税金からその俸給を支給されている公職者にとっては、あまりにも当然にすぎる職務上の義務にほかならないのである。仮にこの義務に反したり、この義務を自己実現できない公職者があれば、最終的には、国民の罷免権によって、かれは解任されるであろう。いつでも発動できる権限として、つねに、国民にそのような罷免権が留保されていることが、すべての公職者に対する心理的な圧力装置として働くであろう。国民にあらゆる公職者に対する罷免権が留保されている罷免法制によってのみ、公職者の越権行為・汚職・怠慢・公私混同が防止されるのである。

代表制（議会制）民主政治が政治制度として確立されたとしても、それを担うのは《市民》でしかありえない。市民自身がその担い手であるという自覚をもたないかぎり、それは、〝おしきせ民主政治〟、あるいは〝形だけの民主政治〟に堕してしまうであろう。

その市民に要求されることは、ベンサムによれば、《公平無私》と《不偏不党》をモットーとする《理性的市民》である。ここで理性的市民を、《批判的市民》と別言することができる。市民は、つねに、批判的視点をもつことなくしては、主権者としての責任を果たすことはできないのである。

ついで、その政府機構を支える公職者たちの資質と職務遂行能力と結果責任が問われる。あらゆる公職者たちの《公僕》、つまり、《召使》としての自覚が、国家のムダな経費を節減しつつ、《安上がりの政府》を実現しうる途につながっているからである。

ベンサムによれば、《安上がりの政府》は、市民の批判的能力の向上と公職者たちの三つの適性能力の向上とによって実現するはずである。

そのためにも、これを実現しうる起動力が、主権者である市民の批判的能力としての《市民的理性》にかかっていることを改めて再確認したい。

議会制民主主義を支える究極的な起動力とその責任が《市民》の肩にかかっていることを、市民自身がつねに自覚しつづけなければならないのである。

ベンサムの「最高立法議会」構想と現代日本の憲法状況

ここで、以上にみてきたベンサムの「最高立法議会」構想を現代日本の憲法状況に移しかえてみたい。

日本の国会の権威失墜は、政党間における政権交代がなかったことに加えて、官僚組織に対する国会と内閣のリーダーシップの欠落とによってもたらされたものである。一言にしていえば、国会の権威失墜は、自由民主党による長期単独政権がつづいてきたことによっている。その結果、国会議員の多くは多選化・老齢化・世襲化し、その議席があたかも〝家業〟としての〝私有財産〟と化してきた。くわえて、官僚によって政治家が操従されてしまうという官僚内閣制問題が現出しているのである。

こうして、政治は利権と化し、政治家は利権屋に堕してしまう。かれらを支えるものは、さまざまな〝業界〟であり、〝個人後援会〟である。政治家は、その本来あるべき「全体の奉仕者」（憲法第一五条）であることを放棄し、ときには業界代表者に、ときには地元の利権代表者に堕してしまった。その結果、国費の〝バラマキ行政〟によって、日本はGDPのほぼ二倍以上にあたる一〇〇〇兆円の赤字国債をもつ借金大国になってしまったのである。

ベンサムの理想的な議会制民主政治論としての『憲法典』は、国民に奉仕する公職者を実現し、国民への損失を最小限化しうる政治制度を実現しようとするものであり、さらには、公職者の腐敗を未然に防止し、これを防止できなかった時にはその処罰制度を構築しようとするものであった。そのためにこそ、かれは、公職者の道徳的・知的・職務適性能力を最大限化しなければならないことを強調したのである。それによって、公職者の専横化・悪政化・腐敗化を最小限に抑止することができるとかれは考えていた。

ところで、そのようなかれの理想政治像は、今日ではとうてい求めることのできないものなのであろうか。たしかに、かれの『憲法典』には、現代政治の特性をなす政党、官僚組織、職業政治家という視点は全く欠落している。かれにあっては長期政権や単独政党政権などという概念も成立する余地のないものである。

しかしながら、二〇世紀の政治的事実は、政党化であり、官僚組織の肥大化であり、政治の専門的職業化であった。このような諸事実の前には、ベンサム『憲法典』はすでに時代遅れの非現実的な憲法論となってしまったといわなければならないのであろうか。かりにかれの『憲法典』は、二〇世紀的な政治的諸事実を展望することができなかったとしても、現代日本の政治の倫理的腐敗・政官業複合・長期単独政権・議席の世襲的特権による政治的閉塞状況を改革するための示唆に富んでいる。

日本の閉塞的な政治状況の問題点

そこで、ここでは、ベンサムの考え方による今日の日本の閉塞的な政治状況の問題点をみておこう。

まず第一に、議員による内閣の構成を前提としたうえでの立法府（国会）に対する行政府（内閣）の従属である。日本では官僚内閣制が立法府と行政府の癒着を促してきたからである。ベンサムならば、行政府を立法府の完全なる従属的機関とするであろう。また、首相は、立法府に対する解散権を有しない。かつ、首相または内閣は、法案提出権を有しない。日本国憲法第七二条では、首相は内閣を代表して国会に対して議案提出権を有する。その結果、とくに官僚内閣制の下では、国会は内閣が提出した法案を可決するだけのあたかもトンネル機関に堕してしまった。これが国会に対する官僚組織の圧倒的優位性を増幅してきた。かりに内閣に法案提出権を認めるとしても、それは予算案と予算関連法案に限定することが望ましい。

その法案提出権を予算案と予算関連法案に限定するならば、立法府の行政府に対する独立性と優位性は損なわれることはないであろう。その上で、国会と国民による首相と大臣に対する罷免制度（リコール制）を整備する必要がある。また、国民による国会議員の罷免制度（リコール制）を整備したい。

いずれにせよ、日本の議会制民主政治において官僚組織が圧倒的に優位となってしまった有力な原因として、首相の任期が短く、大臣に至ってはその任期が一年程度という短命任期であったことが指摘できる。このような短命内閣制の弊害を除去しない限り、官僚組織の更なる肥大化とその腐朽化を阻止することはできないであろう。

第二に、一院制か二院制かについては、これまでにも多くの議論がなされてきたが、いずれの主張にも充分なる根拠があり、どちらがより正しいかを論証することは困難であろう。その場合、二院制とするならば、その長所とされる慎重審議を確保する制度が必要となる。例えば、出席議員の十分の一以上の要求がある場合には、その法案を重要法案として一定時間以上の審議時間を確保すべき制度が考えられる。

第三に、国会議員の政党ロボット化を防ぐ方策を講ずる必要がある。政党から〝党議拘束〟を除くならば、政党の本来的な意義は決定的に薄らぐであろう。しかし、党議拘束は、もともとは憲法第五一条に保障された国会議員の独立性を否定するものであって、いわば憲法違反といわなければならないものである。党議拘束は、憲法の上に私党を置く公私混同であるといわなければならない。

戦後の日本政治における水と油の如き激しい政党対立は、東西冷戦の冷たい産物であった。そのような東西冷戦が崩壊した今日、政治政党のあり方が根本的に見直されるべきである。今更、政党それ自体を否定することはできない。しかし、いずれの政党をも支持しない無党派層が増大し事実上の第一党と化していることを考えるならば、政党化にともなうさまざまな弊害を緩和する方策が講じられてもよいであろう。それは、党議拘束の廃止に加えて、選挙制度としての比例代表制や政党助成金制度の廃止をも含むものとなる。政党助成金制は、現代日本の小党分立的多党制の背景となっているからである。

第四に、国会と国会の政党化にともなう諸弊害の緩和措置とあいまって、立法府は政策立案能力と法案起草能力を大幅に高めなければならない。ベンサムは、この点で、「立法調査局」を構想した。かれの構想を更に拡充した立法府に直属する立法調査機関が制度化されることが望まれる。

第五に、議席の世襲化を禁止することである。議席が世襲化して個人の私有財産化している事態は、すでに一八世紀中期のイギリスにおいてJ・カートライトによって痛烈に批判されている。議員の再選禁止制を主張したベンサムにあっては、そもそも世襲制それ自体がありえないことである。世襲化防止のための方策には、さまざまな方式が考えられる。例えば、議員の定年制を設けるという方策に加えて、前議員の一定範囲の親族が同一選挙区からは立候補できないとする選挙制度を考えてよい。

第六に、官僚の立候補禁止制度を講ずるべきである。戦後日本の国会が行政権にスポイルされていった契機は、既にみたような官僚内閣制に加えて、高級官僚が政権与党から立候補して国会を席巻したところにある。これによって、立法権と行政権は、行政権優位の中で癒着した。ベンサムにあっては、公務員の身分はその終身制によって保障されており、公務員が立法議会議員に転出するなどという事態は全く想定されていない。ここでも、立法権と行政権は完全に分離されているのである。

高級官僚の立候補禁止に対しては、国会議員の被選挙権を制限するものであるとする批判が直ちに提起されるであろう。しかしながら、「全体の奉仕者」であったはずの公務員の退職後の進退については厳重なる制約が設けられることはむしろ当然にすぎることである。その退職後、少なくとも十年間は立候補ができないような制度が考えられてもよいであろう。

第七に、議員の定年制、欠席に対する制裁措置、その他の懲罰に関して、明確にして実効性のある制度を構築することである。これは、憲法上の規定によるよりも、国会の自己規制と自浄機能に委ねるべきものではあろう。戦後日本の国会は、長期単独政権の中にあって、国会議員は、公職者としての倫理と責任の自覚を喪失してきた。国会の急務として、公職者としてふさわしい倫理と責任の自覚を自ら督励する制度を作成すべきであり、その違反者に対する有効な懲罰規定を自ら制定することが必要である。

第八に、ベンサムが立法議会議員・首相・大臣・その他の公職者すべてに対してリコール制を適用しなければならないことを強調していることである。現行の日本国憲法においては、そのようなリコール制は存在しない。しかしながら、そのようなリコール制を憲法において制度的に保障する必要がある。なぜならば、リコールすることによって腐敗と堕落を阻止しうる可能性が増大するからである。

勲章は差別社会をつくる元凶

最後に、ベンサムが「叙位叙勲制度」を徹頭徹尾拒否したことを指摘しておきたい。叙位叙勲は、かれによれば、元来、君主制の下において君主がその支配権力を強化しようとして駆使した恣意的な権力的手段であり、これによって君主の周辺に特権階級が創出されたのである。しかしながら、君主制から共和制に移行した多くの国々において、今日なおも、〝勲章制度〟は当然の如くのある種の特権として存続している。今日では崩壊してしまった社会主義諸国においても勲章制度は多用されていた。ベンサムは、そのような叙位叙勲を、その客観的な選定基準を設定することが困難であること、その公平なる判定が不可能であり恣意的にならざるをえないという二つの理由によって拒否した。

戦後日本においては一時的には勲章制度は否定されたが、その後、生存者叙勲制が復活して今日に至っている。生存者叙勲は、その叙勲者の功績なるものによって人を格付けする。そこで、政界のみならず経済界や文化界においてすらも〝永年勤続願望〟が助長された。さらには、政界においては〝大臣願望〟が助長されてきたのである。

国民主権においては、犯罪者と悔恨なき前科者以外のすべての国民がその政治への貢献者であって、国民をある基準にもとづいて格付けし差別化することはあってはならない。より高い勲等を求めて公職者たちが高位高官を競い合い、その地位に執着する姿は、「全体の奉仕者」という公職者の憲法上の義務を全く放棄するものである。ベンサムならば、日本においては文化勲章を含めてすべての勲章を廃止すべきであるとわれわれに勧告するであろうと思われる。

なお、本章については、拙著『ベンサム「憲法典」の構想』（前出）、同『ベンサム倫理学・教育学論集』（二〇〇二年、御茶の水書房）、および、同『ベンサムの幸福論』（二〇〇五年、晃洋書房）を参照されたい。

第二節　イギリス急進主義の形成

ベンサムの議会改革論の先駆者として、少なくとも二人の思想家にふれておく必要がある。一人は、トーマス・ペイン（一七三七—一八〇九年）である。もう一人は、ジョン・カートライト（一七四〇—一八二四年）である。

一七七六年は、アメリカ独立宣言が発せられた年である。この年に、ペインは『コモン・センス』（邦訳、岩波文庫）を出版し、カートライトは『選択せよ！』を出版した。この年には、ベンサムは処女作『政府論断章』を出版し、ブラックストーンの混合政体論を根底的に批判したが、議会改革という視点は全く欠落していた。

カートライト『選択せよ!』

カートライト『選択せよ!』は、小冊子ではあるが、急進的な議会改革の要求の書であった。かれは、ベンサムに四〇年も先駆けて、急進的な議会改革論を主張し、一八世紀後半から一九世紀初頭のイギリスにおける議会改革運動のリーダーであった。かれが、しばしば、「改革の父」と呼ばれる理由もここにある。一七七二年に議会改革論を書き始めたかれは、その後、八〇冊以上の議会改革要求のパンフレットを出版した。『選択せよ!』(都築忠七編『資料イギリス初期社会主義―オーエンとチャーティズム』所収、一九七五年、平凡社)がその代表作であったといえる。かれは、同書において、主として、つぎの四点の議会改革を要求している。

①一年制議会(毎年総選挙)。

②一八歳以上の男子による普通選挙制。

③選挙権者数に比例した議員定数にもとづく選挙区の再編成(定数不均衡の是正)。

④秘密投票制(無記名投票制)。

かれのこのような《改革四点セット》の原理的基礎には、腐敗した選挙制度の是正という視点とすべての人間の人格的平等という視点があった(拙著『ベンサムの幸福論』、前出、一五一頁以下)。『選択せよ!』において、かれは、君主や大臣たちがその権勢によって私腹を肥やしている現状を批判し、議席が世襲財産化している現状を批判する。そのような腐敗した議会を改革するためには、まず、議員任期を一年制に短縮し、議席の世襲財産化と特権化を是正しなければならない。議員任期一年制は、腐敗した議員の再選を阻む効果をもつであろう。そのためには、選挙権を拡大するしかない。選挙権者数が拡大すれば、議席の売買がやりにくくなるからである。

また、かれによれば、議会の本来的な存在意義は、庶民の自由と利益を代表するところにある。そのためには、庶民が議員の選挙権をもたなければならない。庶民の選挙権は、財産の所有とは関係ない。なぜならば、富者も貧者も、ひとしく、自己の自由と利益にその発言権をもっているからである。庶民の選挙権は、納税額に関係ない。なぜならば、庶民は、その生活に必要なものを買う時に物品税を払っているからである。

〝議会の決議なくして課税なし〟が課税の基本的な原則であり、この原則からすれば、その代表者を選挙する権利はすべての人に与えられなければならない。《人格》のみが選挙権の唯一の基礎なのである。かつ、その代表者の選挙は、一人一票制と平等選挙区制によって行われるべきである。また、不当な個人的な影響力による選挙干渉をさけるために秘密投票制への改革が必要である。

カートライトのこのような改革四点セットは、かれ以前の議会改革運動家たちが主張していたいわば部分的な改革要求をこえた体系的な改革要求であった。それは、その後のイギリスにおいて急進的な議会政運動の枠組みを提示するものであった。

しかしながら、かれの議会改革要求は、当時のイギリスにおいては急進的ではあっても、名誉革命体制としての混合政体を前提としたものでしかなかった側面が指摘されるべきであろう。別言すれば、混合政体を前提としつつ、庶民院としての下院の改革を要求するものにとどまり、当時のイギリス憲法体制としての混合政体の根本的な改革を要求するものではなかったといえるのである。

こうして、イギリス憲法体制としての君主、貴族との混合政体に対する根本的な批判は、ペインとベンサムに託されたのである。

ペイン『人間の権利』

ペインは、これを、『人間の権利』（西川正身訳、一九七一年、岩波文庫）によって展開する。同書の基本的な特徴は、エドマンド・バーク（一七二九―一九七年）が一七九〇年に出版した『フランス革命の省察』（半沢孝麿訳、一九七八年、みすず書房）においてフランス大革命を根底的に批判したことに対する反批判にある。その「第一部」は、『省察』出版三カ月後の一七九一年二月に出版された。その「第二部」は、ちょうどその一年後に出版されている。かれは、バークに反批判を加えつつも、イギリスにおける理想的な憲法体制を描こうとしたのであった。

ペインにとっては、明らかに、革命フランスの共和制と代表制こそが、イギリスにとっても理想的な政治形態であった。かれにとって革命フランスは、大きく追いこされてしまったイギリスが、いずれは追いつかねばならない理想にほかならなかったのである。

かれによれば、イギリスの統治形態は、理性による統治ではなく、無知と汚職買収による統治であって、その原因は世襲君主制と貴族制と不平等な代表制にある。

「王位と呼ばれているものは、年に英貨で百万ポンドの収入のある、単に名目上だけの官職を意味し、その務めはそれだけの金をただ受け取ることにすぎない」（『人間の権利』、前出、三一六頁）。

「貴族は、土地を耕し畑のものを作る農民ではなく、単に地代を消費するだけの者であるにすぎず」、農民に寄生する「男妾の群れにほかならない」（同前、三二一―三頁）。

「（下院は）、不完全な、また、気まぐれな方法で選出されている」（同前、八三頁）のみならず、その大部分は特権的な勅許状を独占する自治都市（バラ）の利益を代表するものでしかない。

「わたしは、イギリスの人民が公平かつ公正に取り扱われたことは、これまでに一度もなかったと信じる」（同前、二〇四頁）。

ペインは、一六八八年の名誉革命に対して根底的な批判を加えた最初の思想家である。名誉革命は、かれにとっては、打倒すべき混合政体をもたらした人民にとって屈辱的な革命でしかなかった。

「混合政体は、あらゆるものを備えながら、その一つ一つがすべて不完全なので、全体と調和しない部分を汚職買収によって接合熔接して、初めて一つのまとまったものとして働くのである」（同前、一八一頁）。

「混合政体には責任というものがない。各部分が互いにかばい合って、けっきょく責任の所在が見失われてしまう」(同前、一八一頁)。

ペインは、イギリスにおける世襲君主制・貴族制、および、地主的下院の混合政体としての名誉革命体制の根底的な改革と共和制的代表政治への移行を要求した最初のイギリス人であった。しかしながら、かれは、その具体的手段についてはなにも述べていない。また、かれは、共和制的代表政治の枠組みを提示するにとどまっており、その具体的な内容を明確には提示しえていないのである。

しかしながら、ペイン『人間の権利』は、その後のイギリスの急進的議会改革諸派のバイブルとなり、チャーチスト運動にさえもその影響を及ぼすものとなった(拙著『ジェレミ・ベンサムの政治思想』、一九八七年、八千代出版)。

カートライトとペインは、一時的には連帯した。しかし、この両者の違いも、また、指摘されるべきであろう。カートライトは、混合政体を前提としてその議会改革論を主張した。それに対して、ペインは、混合政体を根底的に批判したけれども、その具体的な議会改革案を提示することはできなかった。ペインは混合政体批判においてはカートライトに優ってはいるものの、議会改革の具体性においてはカートライトにははるかに及ばなかったといえるであろう。

それでは、一八世紀イギリスの下院はどのような状況にあったのかを、ここで確認しておこう。日本の高校までの社会科の教科書では、名誉改革後のイギリスは理想的な議会制民主政治が確立する、と教えている。しかしながら、その実態は、全く違っていた。今日のわれわれの民主政治の常識からするならば、それは、とうてい、民主政治とはいえるものではなかったのである。

一九世紀初頭のイギリス下院の状況

①選挙権者は、全成人男子の三％以下であった。
②被選挙権は、大地主にのみ認められた特権であった。
③議席数は、六五八議席。
④小選挙区制。
⑤議員の任期は七年。
⑥定数不均衡が著しかった。
⑦世襲議員が多かった。
⑧腐敗選挙区・指名選挙区・ポケット選挙区（有力貴族が金銭の授受により当選を保証していた選挙区）が一〇〇議席以上に及んでいた。
⑨ほとんどの選挙区は、無競争当選であった。
⑩多くの選挙区の議席が公然と売買されていた。ときには、その売却の広告が新聞にのった。
⑪口頭による投票制。
⑫投票所は、各選挙区に一ヶ所しかなかった。

⑬投票期間が一週間に及ぶ選挙区もあった。
⑭議員は、無報酬の名誉職であった。
⑮選挙が競争となった場合には選挙費用がかかりすぎた。州選挙区では一―五万ポンド、都市選挙区では一〇〇〇ポンド以上かかった。その理由として、買収、供応、非居住者を投票所につれてゆく旅費の負担があげられる。そのために、数回の選挙の後に破産する候補者もいた。

一八世紀後半のイギリスでは、このような腐敗した下院を改革しようとする運動が、あたかも寄せては返す波のように各地で展開された。

その代表的な政治団体がカートライトを中心にして一七八〇年に設立された「憲法知識普及協会」である。この当時には、そのような政治団体としては「ヨークシア協会」があった。

これらの二つの協会は、一七八〇年代のイギリスにおける議会改革を目ざす中核的な存在として活動した。ヨークシア協会は一七八五年に解散したが、憲法知識普及協会は一七九四年に大逆罪によって弾圧されるまでの一五年間、議会改革のためのキャンペーンを展開した。

フランス大革命を契機として、イギリスでは、じつに多くの政治団体が結成された。その中でも、議会改革を目的とする政治団体としては、つぎのような政治団体がある。

「ロンドン革命協会」

「マンチェスター憲法協会」
「シェフィールド憲法知識普及協会」
「ロンドン通信協会」
「人民の友」

ロンドン通信協会は、一七九二年に設立され、その後、七年間、活動する。同協会は、憲法知識普及協会とはきわめて親密に連帯した。

一七九二年に設立された「人民の友」は、貴族的なホイッグ党を中心とする政治団体であった。この団体には、チャールズ・グレイ（一七六四―一八四五年）やジョン・ラッセル卿（一七九二―一八七八年）が参加していた。それは、ホイッグ党の内部からも議会改革は避けられないとする声があがっていたことを意味する。この団体のわずか四年間の活動の中で、カートライトは積極的な役割を果たした。それは、かれの幅広い活動家としての度量を示すものでもあった。かれは、ホイッグ党とも、議会改革の一点において連帯したのである。

一九世紀に入り、カートライトは、「議会改革連合」、および、「ハンプデン・クラブ」において活動する。前者は、一八一一年にかれによって設立された「議会改革を目ざす友の会」から発展したものであり、後者は、一八一二年に設立された団体で、その綱領として、男子普通選挙制と秘密投票制を主張していた。かれにとっては、ハンプデン・クラブの綱領は不満足のものではあった。けれども、かれは、議会改革を少しでも押し進めるという一点において、さまざまなグループと連帯したのである。

カートライトは、その議会改革への熱情の実現をみることなく、一八二四年に他界する。その遺志を継承したグループこそが、次節でみる《哲学的急進派》であったといえるであろう。

カートライトからするならば、哲学的急進派は、あまりにも、〝おくれてきた急進派〟でしかなかったであろう。しかしながら、同急進派は、一九世紀初頭のイギリスにおけるいわゆるミドル・クラスの切実な議会改革要求を背景として形成された理論グループであった。かれらが〝哲学的〟といわれた理由は、かれらが大衆的集会や街頭行動に訴えることなく、あくまでも、その著書や論文によって議会改革を主張したところにある。同急進派は、歴史的にみるならば、一八三二年の《選挙法改正法》の実現を目ざした理論的リーダーだったのである。

第三節　ベンサムと哲学的急進派

ベンサムとジェームズ・ミル

哲学的急進派の形成の契機は、一八〇八年のベンサムとジェームズ・ミル（一七七三―一八三六年）との出会いにあった。ジェームズ・ミルは、J・S・ミル（一八〇六―七三）の父親である。この時期のベンサムは、パノプチコンとかれが名付けた監獄の改革が挫折して失意のドン底にあった。そして、かれは、その改革の可能性を議会改革、つまり、下院の改革のうちに求めたのである。

かれは、かれのさまざまな改革案が実現をみないのは、下院が「最大多数の最大幸福」を目ざそうとしていないからであると考えた。その当時の下院は、すでにみたように、ホイッグ党・トーリー党ともにスクワィアと呼ばれる大地主の利益の代弁者でしかなかったのである。あらゆる改革の大前提として、まずなによりも、下院が「最大多数の最大幸福」を目ざす下院に改革されなければならない。そのような議会改革という視座が、かれの中で徐々にふくらんでいった。

そのような時期に、ベンサムの前に忽然と現れた人物こそが、J・ミルであった。ベンサムは〝書斎の人〟といわれていたのに対して、ミルは活動的で社交的な人物であった。ミルは、ベンサムに、次々と新しい人物を紹介する。ミルがベンサムに紹介した人物に共通するものは、なんらかの分野で《改革》の必要性を痛感していたことである。しかも、その改革のテーマは、じつに多岐にわたっている。カトリック解放問題、国教会改革、植民地問題、教育問題、刑法改革、奴隷制廃止、穀物法撤廃、自由貿易、労働者問題、救貧法問題、増税反対、戦争反対などであった。

ミルの尽力なくしては、哲学的急進派の形成はありえなかったであろう。ミルを通して、当時のイギリスの政治的・経済的・社会的・宗教的な諸状況に対して改革を求めていた知識人がベンサムの門をたたき、その門弟となった。かれは、その門弟たちと時には夕食を共にすることもあったが、その師弟関係はまことに淡いものであったといわれている。ベンサムとかれらは、さまざまな分野における改革的志向という一点においてゆるやかに結ばれていた。

したがって、その改革志向の内容は、それぞれによって相当に異なっていた。ベンサムが構想したさまざまな改革要求案は、むしろ、この急進派のほとんどにとっては、あまりにも非現実的、つまり、実現不可能なものでしかなかったともいえる。そこで、かれらは、実際的に実現可能な改革案を用意したのである。この点でも、ミルがになった同急進派内でのイニシアチブを看取することができる。

哲学的急進派が活躍した期間は、その形成期から第一次選挙法改正を頂点として約三〇年以上にわたる。

『ウェストミンスター・レヴュー』

同急進派は、一八二四年に創刊した『ウェストミンスター・レヴュー』を通して、その改革キャンペーンを展開した。そこに掲載されたさまざまな改革要求案をみるならば、議会改革に関する論文はほんのわずかでしかなかったことが分るであろう。ここでは、この急進派がたんなる議会改革を目ざす集団ではなかったことを確認しておきたい。

『ウェストミンスター・レヴュー』は、ホイッグ党の機関誌である『エジンバラ・レヴュー』、および、トーリー党の機関誌である『クォータリー・レヴュー』に対抗して創刊されたものである。それは、その当時の急進主義の諸潮流の結集点を提供しようとする目的をもっていた。

同誌は、ベンサムが、四千ポンド（現在の日本円では八千万円）の資金を提供して創刊されたものである。かれは、いわば、同誌のオーナーであった。その主筆にかれの秘書であったジョン・

バウリング（一七九二―一八七二）が抜擢されたことから、ベンサムとミルは不仲となり、同誌からミルが遠ざかってゆくというトラブルが生じた。それでも、同誌は、多くの急進的改革主義者からその支持をうけて、その定評を確立したのである。

哲学的急進派に属するメンバーは、その三〇年間におよぶ活動期間において、およそ二六名の人物がリストされるが、イギリス人研究者によっては、さらに多くの人物がリストされる。ここでは、一八三二年選挙法改正以前に、議会改革論にかかわる著書または論文を発表した人物をあげておこう。ジェレミ・ベンサム、ジェームズ・ミル、サー・フランシス・バーデッド（一七七〇―一八四四）、デイヴィッド・リカード（一七七二―一八二三）、ヘンリー・ピーター・ブルーアム卿（一七七八―一八六八）、ジョージ・グロート（一七九四―一八七一）、チャールズ・ブラー（一八〇六―四八）などがあげられる。

第四節　ジェームズ・ミルの議会改革論

ここでは、ベンサムと対比してジェームズ・ミルの議会改革論をみておこう。

ジェームズ・ミルは、哲学的急進派の中心的な存在であった。Ｅ・アレヴィは、その名著『哲学的急進派の形成』（一九〇一―〇四年）において、「ベンサムはミルに学説を与え、ミルはベンサムに学派を与えた」と述べている。ミルの存在と活躍なくしては、哲学的急進派の形成はありえなかったであろう。その後、すでにみたように、この両者の関係は、『ウェストミンスター・レヴュー』の創刊時に、その主筆にバウリングが抜擢されたことから、次第によそよそしいものになってゆく。けれども、哲学的急進派の分解をもたらすにはいたらなかった。その理由は、この急進派がきわめて緩やかな同志集団であったところにある。

ジェームズ・ミルの議会改革論の代表作としては、『政府論』(一八二〇年)、および、「秘密投票制」(一八三〇年)をあげることができる。前者は、『大英百科事典』の付録として出版されたものであり、後者は、『ウェストミンスター・レヴュー』に掲載されて発表されたものである。以下では、この二つの議会改革論の要旨を紹介したい。

ミル『政府論』は、一八一九年に執筆され、翌二〇年に『大英百科事典』(第五版)の付録として発表されたものである。同書がイギリスにおいて議会改革運動が急速に高揚しつつあった一八一九年に執筆された事実は看過されてはならないし、また、それがベンサムの一連の議会改革論が出版ないしは執筆された時期と重なっていることも注目されるべきであろう。

ミル『政府論』(小川晃一訳、一九八三年、岩波文庫)は、その第一節から六節までは政府の一般理論にあてられており、第七節から十節までがいわゆる具体的な議会改革論にあてられている。その前半は、哲学的急進派のイギリス憲法観のエッセンスが展開されており、かなり急進的である。これに対して、その後半の議会改革論は相当に穏健なものといわざるをえない。それは、とうてい、急進的であるとはいえないものである。

ミル『政府論』における政府の一般理論

『政府論』の前半における政府の一般理論の特徴を、次に列挙してみたい。それは、ベンサムの憲法理論の枠組みと全く同じものであった。

①政府の目的――政府の目的は、最大多数の最大幸福を実現するところにある。
②直接民主主義――政府の職務を社会全体で行うことになれば、労働は停止して財産もなくなってしまう。国民全体が集会に参加することは、物理的にも不可能である。
③貴族制批判――権力が少数の人々の手中にある場合、少数者がその欲望によって権力を濫用する可能性が大きくなる。
④君主制批判――権力が一人の手中にある君主制は、基本的には貴族制と同じ欠陥をもっている。
⑤混合政体論批判――君主と貴族と平民が権力の一部を保持することによって憲法上の均衡を実現しようとする混合政体論には、三つのうちの二つの権力が結合して第三の権力をのみこんでしまうので、永続性がない。
⑥権力分立論批判――権力の相互抑制を目ざす権力均衡論は、粗雑で、幻想的で、空想的である。
⑦代表制のみが善き政体である。なぜならば、「現代の偉大な発見である代表制」においてのみ、悪しき政体に利益を見い出そうとはしていない諸個人の結合が可能となるからである。

以上のような政府の一般理論に関するミルの原理的主張は、その当時の急進派に属する改革派の主張と比較してなおも急進的なものであった。それは、名誉革命体制を混合政体論によって賛美してきたホイッグ的な権力分立論的憲法理論を根底的に批判するものだったからである。

しかしながら、ミルのこのような憲法理論は、一八一九年の『急進的議会改革法案』にいたるまでのベンサムの憲法理論の枠組みを一歩も出るものではないという事実もまた指摘されるべきであろう。

ミルは、以上にみたような政府の一般理論にもとづいて、次のような二点にわたる議会改革案を主張している。

①議員任期の短縮化――できるだけ短いほどよい。

②選挙権拡大――四〇歳以上の男子で、一定額の財産ないしは収入をもつものにまで選挙権資格を拡大する。

ミル『政府論』における議会改革論は、この二点にすぎない。その上、①については、その期間が明記されていない。②については、財産資格を認めるものであり、当時の急進派に共通する要求であった男子普通選挙権を否定するものであった。また、平等選挙区制や秘密投票制については、全く言及がない。

一八三〇年七月、ミルは、『ウェストミンスター・レヴュー』に「秘密投票制」という論文を寄稿して、『政府論』における二点の議会改革要求に加えて秘密投票制を主張した。ミルは、秘密投票制を、「真の代表制を形成することに役立ち、善き政体を確立するために不可欠のものである」と位置づけている。

ジェームズ・ミルによれば、善き政体の条件としては、①国民が選んだ権力であること、②腐敗した選挙ではなく自由な選挙によって選ばれた権力であることが必要である。そのためには、秘密投票制が不可欠となる。公開投票制においては、財産のもつ「悪い、不道徳な影響力が増大する」だけだからである。

ベンサムとジェームズ・ミルの間には、議会改革の具体的な要求については、かなり大きな相違がみられる。これは、ジェームズ・ミルが急進主義の枠内での政治的リアリスト(現実主義者)であったことを物語るものであろう。ジェームズ・ミルは、議会改革案の実現可能性を重視する視点からそのような改革案を提起したのである。ベンサムがあまりにも尖鋭な理論による理想的な憲法理論を唱道したのに対して、ジェームズ・ミルはベンサムの尖鋭な論理を実現可能性という視点から議会改革案を再構成したリアリストであったといえる。

一八三二年六月四日、選挙法改正法案が成立する。これが、いわゆる第一次選挙法改正である。しかしながら、それは、哲学的急進派のみならずその他の急進派にとってもとうてい容認できるものではなかった。その改正法に対する不満が、やがて、チャーチスト運動の展開をもたらすことになる。

それでは、第一次選挙法改正とは、どのようなものだったのであろうか。ここで、その改正前と改正後を比較しておきたい（図2）。

この改正によって新たに選挙権を与えられた人々は三三万五千人にすぎず、全選挙権者八一万三千人が全人口に占める割合は三・三％にすぎなかった。選挙権は、依然として、政治的〝特権〟でありつづけたのである。議席の再配分が行われたとはいえ、それは平等選挙区制とは程遠いものでしかなかった。秘密投票制と議員任期一年制は、全面的に、斥けられた。

この改正は、カートライトが一七七六年に要求した《改革四点セット》を基本的に拒否するものであった。それは、ベンサムからみるならば、全くの問題外のものでしかなかった。それは、哲学的急進派のその他のメンバーの改革要求からみても、全く不満足のものに終ったのである。

第一次選挙法改正はイギリスにおける〝第二ブルジョワ革命〟であるとする歴史学者も、かつては、存在した。けれども、今日においては、そのように評価する学者は皆無である。その改正はあまりにも微温的なものでしかなかった、とする解釈が一般的となっている。

第一次選挙法改正法案は、一八三一年一〇月に、貴族院で否決される。同法案は、下院と貴族院の再度の審議を経て一八三二年六月に成立した。グレイ内閣は、新貴族創家によって多数の新貴族をつくることを国王に約束させて貴族院の譲歩を引き出し、貴族院に同法案を承認させたのである。これによって貴族院に対する下院の優越性への道がひらかれる。

その後も、一八六七年、一八八四年、一九一八年に選挙権が拡大され、下院は国民の代表機関としての地位を確立していく。一九二八年には「普通選挙法」が制定されて、男女平等の普通選

図2　イギリス下院の選挙制度（一八三二年）
――一八・九世紀イギリス下院の選挙制度《対照・比較》

A 「第一次選挙法改正」以前

1 選挙権資格

(1)州選挙区（county）。
年間四〇シリング以上の収入をもたらす自由土地所有者（地主）の男子のみ。これは、一四三〇年に制定された法による。

(2)都市選挙区。（borough）では一律ではない。

2 被選挙権（一七一〇年制定）

(1)州選挙区――年額六〇〇ポンド以上の収入をもたらす自由土地所有者（地主）。

(2)都市選挙区――年額三〇〇ポイント以上の収入をもたらす自由土地所有者（地主）。

B 「改正法」以後の選挙制度

1 選挙権資格

(1)州選挙区の選挙権資格は、つぎの範囲に拡大した。

①年間四〇シリング以上の収入をもたらす自由土地所有者（地主）。

②年間一〇ポンド以上の土地を借り、かつ、その契約が二〇―二五年の借地権者。

③年額五〇ポンド以上の借家人・借地人。

(2)都市選挙区では一律ではなかったが、原則として、年額一〇ポンド以上の家屋所有者（戸主）に選挙権が与えられた。

2 被選挙権
州選挙区、都市選挙区ともに改正なし。

3 議席の再配分
六五八のうち一四三議席が再配分され、定数不均衡がある程度是正された。五六の腐敗選挙区が廃止され、人口激減の三〇選挙区が廃止された。

4 「選挙権者登録制」を初めて導入。

《参考①》四〇シリングは、二ポンド。現在の日本円で約四万円。一〇〇ポンドは、二〇〇万円。

《参考②》選挙権者数は、一八〇〇年で成人男子の約三％にすぎなかった。

挙制が実現をみる。この間、一八七二年には「秘密投票制」が、一八八三年には「腐敗・違法行為防止法」が制定された。この二つの法律は、選挙の民主化を促進する。

二〇世紀に入り、H・H・アスキス（一八五四—一九二八）首相ひきいる自由党内閣の蔵相ロイド・ジョージ（一八六三—一九四五）は、軍事費と社会保障費を捻出するために富者に増税を課すいわゆる人民予算案を提出した。ところが、下院を通過したこの予算案を貴族院が否決する。アスキス内閣は、新貴族創家という威嚇によって、一九一一年、国会法の制定を貴族院に認めさせた。同法は、貴族院には財政法案を否決または修正する権限がないことを法律的に確認したものである。

国会法は、名実ともに、下院の貴族院に対する優越的権限を確立した法律であった。一八三二年の第一次選挙法改正から一九一一年の国会法にいたるイギリスの議会史は、別言すれば、イギリスにおける議院内閣制の形成史でもあった。

イギリス議院内閣制形成の前史

ここで、イギリスの議院内閣制形成の前史として、R・ウォルポール（一六七六—一七四五）にふれておきたい。

一八世紀のイギリスでは、〝ウォルポール時代〟といわれる時代がある。この時代に、「国王は君臨するけれども統治せず」という憲法慣行が成立する。しかし、この時代の下院は、国王のみならず貴族院に対しても脆弱な権限しかもちえなかった。この期のイギリスは、すでにみたように、基本的には混合政体だったからである。それにもかかわらず、国王による指名ではなく、下院の信任にその根拠をおくウォルポール内閣（一七二一―四二）は、イギリスが議院内閣制に向けての第一歩をふみ出したことを意味するものであった。

一九世紀初頭においてベンサムが構想した《最高立法議会》は、一九一一年の国会法によって、その実現をみたといえる。こうして、最高立法議会としての権限をもつ下院の中に内閣が構成される憲法慣行が確立してゆくのである。

官僚組織が国会を操縦する日本の憲法慣行

今日の日本の官僚内閣制は、俗に「男を女にし、女を男にする以外の何事もなしうる」といわれた議会からなるイギリスの議院内閣制とは似て非なるものである。官僚組織が国会を操縦する日本の憲法慣行は、イギリスの議院内閣制とは逆のものである。

日本には官僚内閣制はあるけれども、議院内閣制はない。イギリスでは、議会（下院）が行政府をコントロールしている。これに対して、日本では官僚組織によって内閣がコントロールされ、その内閣によって国会がコントロールされている。

しかしながら、このような憲法慣行は日本国憲法が規定する《国会内閣制》の原理に反するものであることを、ここで、再度、強調しておきたい。

今日のイギリスの議院内閣制は、名誉革命以降三〇〇年にわたる政治的努力の成果である。日本も、憲法の趣旨にもとづいて、国会の本来的な機能としての《討論》の場と国会内閣制の実現を目ざして、国会のこれまでの慣行を改革することが求められている。そのためには、国会法や内閣法の改革が必要不可欠である。

ベンサムにあっては、《国民主権 ⇩ 最高立法議会 ⇩ 内閣と裁判所》という形で、いわば、一元的政治構造論が展開されている。これは、国民主権論にたつ政府構造論としては、きわめて論理性をもつ政治制度論であるといわなければならない。

これを平たくいえば、政治の発生源は主権者である国民であって、ついで、その国民から選出される最高立法議会である、といえる。首相および内閣は、その下位にある従属的機構である。裁判所も、同様である。

国民主権とは、本来的に《一元的》政治構造をつくろうとする論理

国民主権とは、本来的には、《一元的》政治構造をつくろうとする論理である。一元的政治構造を構築することのできない国民主権は、そもそも国民主権ではありえないのである。

国民主権には、国民が一番エライという大前提があるのであって、国民に優越する権力はありえない。国民に対して、なんらかの相互牽制的な政治機構がその同一国内において存在するなどということはありえない。すなわち、国民が直接選挙する国会こそが、国民がもつ優越性を反映

する唯一の政治機構なのである。

モンテスキューのいわゆる権力分立論は、すでにみたように、多元的な身分構造の均衡が理想的であるとするものである。しかしながら、国民主権論からするならば、そのような権力分立論は国民主権の〝分割論〟であって、それは、とうてい、承認することができるものではない。モンテスキューに代表されるいわゆる身分混合型の権力分立論は、国民主権を否定することによってしか成立しえないものであることを、ここで再確認しておきたい。

ベンサムは、①どのようにすれば国民主権の機能的な有効性を保持することができるか、②どのようにすれば最高立法議会の機能的な有効性を保持することができるか、という視点から、その議会制民主政治論を構築しようと試みた。

その究極的な視座は、国民からみての各政治機構の担当公職者に対する問責制度を構築するところにあった。国民からみて、法律違反はもとより、倫理的にみて許されない行為を行った公職者に対して、すみやかに、その責任を問うことができる政治制度を構築することが、ベンサムが腐心したテーマであったといえる。なぜならば、そのような問責制度によってのみ、政治的腐敗が予防されうるからである。かつ、それは、ある政治的腐敗が生起してしまったとしても、その腐敗の増殖を阻止しうる有力な制度となるであろうからである。

なお、ジョン・スチュアート・ミルは、『議会改革に関する諸考察』（一八五九年）、および、『代議制統治論』（一八六一年、邦訳、岩波文庫）において、秘密投票制に反対して、公開投票制を主張している。それは、選挙の際の選挙権者の投票責任という視点から主張されたものである。

かれとベンサムは、デモクラシーそのものに対しても、大きくその見解を異にしていた。ベンサムにとってデモクラシーとは《多数者支配》を確立する政治制度であった。これに対して、J・S・ミルにとってのデモクラシーは〝多数者専制〟の可能性をはらむ政治制度となる。ミルは、デモクラシーの本質は《少数者》の意志を尊重するところにあると主張するのである。

この両者の相違は、その他のさまざまなレベルでみられる。それは、この両者の置かれていた時代状況を反映したものであったといえるであろう。J・S・ミルは、産業革命によって台頭した労働者階級による階級立法をおそれるあまりに、公開投票制に加えて、〝複数投票制〟という選挙制度における改革案を提起した。複数投票制は、男女平等の普通選挙制を前提としつつも、選挙権者の知的レベルに応じて、一～五票の割り増しの投票権を与えようとする制度である。かれは、これによって、少数者の意志を国政に反映させうると考えたのであった。

ベンサムとJ・S・ミルは、そのデモクラシー観において、その力点が基本的に異なっていた。前者にとってデモクラシーとは、多数者支配を確立することであった。前者は、トクヴィルの〝多数者専制〟という視点によるマス・デモクラシーの問題性を予測することはできなかった。ところが、トクヴィルの影響と時代背景の相違によって後者にとってのデモクラシーは、少数者尊重の政治制度を目ざすことになる。ここに二人のデモクラシー観の相当の懸隔をみることができるであろう。

第六章　国会を《討論の場》として再構築しよう

日本の国会は官僚統治型の三権分立論を鵜呑み

日本の国会は、講壇法学が唱える官僚統治型の三権分立論を鵜呑みにすることによって、完全に、萎縮してしまった。国会は、これまでに、憲法が期待していた《国権の最高機関》としての役割を果たしてこなかった。その理由は、講壇法学や官僚法学の三権分立論という偽装によって国会は萎縮し、憲法上で付与されたはずの自らの権限を狭めてきたところにある。また、国会は、『日本国憲法』の制定にもかかわらず、さまざまな前例と称される戦前の帝国議会以来の慣例というワナから抜けでることができなかった。国会は、自縄自縛に陥り、その国権の最高機関としての権限を放棄してきたのである。

ここで、講壇法学とは、旧帝国大学法学部を頂点とする国公私立大学で教授されている憲法学と行政法学である。官僚法学とは、内閣法制局を中核とする各省庁の憲法解釈・運用である。いうまでもなく、官僚法学は、旧帝大を頂点とした講壇法学と相互依存している。

国会は、そのような学説をのりこえて、国会独自の立法機能と行政監督機能を確立しなければならない時である。日本国憲法の改正論議が、活発になってきたが、憲法のどの条文をどのように改正するのかについては、それぞれの政党がさまざまな主張を展開している。しかし、改憲論と護憲論は、いずれも憲法第九条にのみその主眼をおいている。

しかしながら、改憲論にも護憲論にも、国会の権能を高めようとする視点はない。その政治改革をめぐっても、ただひたすらに、行政権の強化を強調する。たとえば、〝大統領的首相〟の実現である。しかし、これは、現行憲法の趣旨からすれば、本末転倒であって、国会の権能の復権こそが当面の憲法的課題の核心をなすものであるといわなければならない。

行政権の強化は、たとえば、危機管理に必要不可欠であるとされている。しかし、十全なる危機管理態勢をつくるのは国会の立法権によるものであって、いたずらに首相の権限を強化することによって実現するものではない。

危機管理に限ってみるならば、《危機管理委員会》を衆参両院の常任委員会として設置すべきである。危機管理は、首相の権限を強化すれば実現するものではない。危機管理を名目とする首相の権限の強化は、逆に、その濫用の可能性が懸念されるのである。

もとより、なんらかの危機が生じた場合に、その危機管理に具体的に対処するのは内閣である。国会は、立法機関であって、執行機関ではないからである。危機管理にあたって重要なことは、危機に対処するために国会と内閣が緊密に連携することである。

国会の権限が空洞化して、〝強い内閣〟が実現するなどという事態は、最悪であるというべきである。逆に、内閣は、つねに、国会のコントロールの下に置かれなければならないのである。国会あってこそ、内閣の正統性が確保されるからである。

今日の日本では内閣があたかも国会よりも優越しているかのようにみえるのは、国会が戦前からの帝国憲法の運用をふまえているために官僚内閣制が続いてきたからである。

しかしながら、ここでは、全く別の視点から問題を提起しておきたい。国会の地盤沈下は、国会の本会議と委員会が本来的な《討論の場》として機能してこなかったことによってもたらされたことが指摘されるべきであろう。

日本の内閣制は、イギリスの議院内閣制とは異なる官僚内閣制である。日本の内閣は、国会ではなく官僚組織に依存している。ここでは、内閣は官僚が作成した法案を政府提出法案として国会に提出する。国会は、この政府提出法案の成立請負業者に堕してきた。そのために国会は討論の場である必要がなかった。むしろ国会にとって討論は〝無用の長物〟でしかなかった。これまでの日本の国会は、政府提出法案の成立を機械的に処理するセレモニーの場でしかなかったのである。

これに対して、イギリスの議院内閣制では、内閣が議会に立脚しているために、法案の審議の際には《討論》が不可欠のプロセスとなる。イギリスでは議会は法案成立請負業者ではない。日本の憲法学の教科書は日本の内閣制はイギリスの議院内閣制と同じであると教えているが、これは完全に間違っていることを強調しておきたい。

もし国会が帝国議会型の〝質疑〟ではなく、情報公開を基本に本来の《討論の場》としての機能を確立することができるならば、国会は《国権の最高機関》として名実ともに復権し、本来の国会内閣制へと再生することができるであろう。それでは、国会のそのような復権の可能性は、どのようにして実現できるのであろうか。

《討論の場》としての議場のつくり方

ここでは、国会の本会議場が討論の場としてふさわしい構造になっていないことを指摘したい。国会の本会議場は、ケンケンガクガク・チョウチョウハッシを促す建築上の構造が求められている。

ところが、日本の国会の衆参両院の本会議場は、一般議席よりも格段高いところにいわゆる〝ヒナ壇〟があって、ここには首相以下の閣僚が鎮座して、国会議員を見下す構造となっている。これは、明治憲法下において大臣が天皇の〝補弼〟とされていたことをそのまま踏襲したものであって、国民主権の下においてはありえないことである。

その上、議長席はさらに高いところにあって、これでは議長は議事進行役である本来の議長としての役割を果たすことはできないであろう。

現行憲法下において、いわゆる〝ヒナ壇〟に首相以下の大臣たちが鎮座する明治以来の光景は、政府提出法案が圧倒的に多く、議員提出法案が少ないという事情をも反映している。しかしながら、政府提出法案が議員提出法案よりも多いという現実こそが、〝官僚内閣制〟つまり〝官僚統治〟を物語るものであって、国会の権限の著しい棄損をもたらしているのである。

国会の衆参両院の本会議場が《討論の場》とするためには、どのような構造が求められているのであろうか。

その実例として、イギリス下院の伝統的な構造が有名である。イギリス下院では、階段式のベンチ席に与野党議員が対峙して討論が展開される。

もう一つの実例は、国連安全保障理事会の円形の会議場である。これを階段式にすれば、数百人の議席を確保することができるであろう。そして、討論者どうしが顔と顔を合わせながらの討論が可能となるはずである。

国会は《討論の場》である。これを《審議の場》であると別言してもよい。そのためには、国会の衆参両院の本会議場のみならず、その委員会の議場のつくり方をどのようにすれば活発な討論が可能となるかという視点から考え直すことが必要である。

現在の日本の国会の衆参両院の本会議場の構造は、一部の委員会室は円卓型に改造されたとはいえ、明治憲法体制化の本会議場がそのまま存続しており、〝ヒナ壇〟と称される格段に高い座席を占めるのは行政権を担う首相以下の閣僚たちである。国会議員の座席は、その閣僚たちに見下される形となっている。

そのような衆参両院の本会議場の構造は、周知のようにあたかも内閣が国会に対して優越しているかのような外見的な暗示ともなってきた。そのような空間をもつ建築構造は、現在の日本の政治構造を表現するものにほかならないのである。

日本の国会の衆参両院の一番重要な討論の場は、《本会議》である。そのためには、現在の本会議場の構造を抜本的に改造して、本来的意味合いでの討論が成立しうるような構造に改装することが求められている。

国会の衆参両院の本会議場と委員会議場の設計にあたっては次の二点が確保されなければならない。ラウンド・テーブル方式に委員会室の一部の改造はおこなわれたが、①活発な討論を可能とする構造をつくる、②立法府が行政府よりも優越していることを示す外見的な構造をつくることが求められている。

国政全般の方針についての討議と決定は、首相ではなく、国会の固有の権限

日本の国会のハイライトは、内閣総理大臣による〝施政方針演説〟である。それは、首相がその当面の施政についての方針を表明する演説である。これに対して、各政党による〝代表質問〟が行われる。その代表質問の討論者は、通常、各政党の代表者である。かれらは、その代表質問の中で自党の政策を主張しつつ、その質問を行っていることは確かなことではある。しかし、それらは、あくまでも首相に対する〝質問〟のレベルにとどまるものでしかない。

ところで、首相による〝施政方針演説〟は、どのような法的根拠にもとづいているのであろうか。それは、憲法第七二条にもとづいてなされてきたものと思われる。

「内閣総理大臣は、内閣を代表して議案を国会に提出し、一般国務及び外交関係について国会に報告し、並びに行政各部を指揮監督する」（憲法第七二条）。

ここでは、〝施政方針〟などという文言は一語も使われていない。これまで長年にわたりつづけられてきた〝施政方針演説〟は、じつは、〝一般国務・外交関係報告〟というべきものだったのである。それは、方針ではなく、〝報告〟である。さらに、その法的根拠として、憲法第七三条第五項の〝予算案提出権〟があるかもしれない。しかし、内閣のこの権限は、あくまでも予算案に限定されており、国政全般についての〝施政方針〟に及ぶものではない。予算案については、〝予算案提出演説〟でことがたりるのである。国政全般の方針についての討議と決定は、首相ではなく、国会の固有の権限であることを、ここで再確認しなければならない。それゆえ、首相の施政方針演説を憲法慣行として安易に認めることはできないというべきである。

日本の国会の衆参両院の本会議における〝施政方針演説〟と〝代表質問〟という慣行ほど、憲法の大原則である国民主権に反するものはないというべきである。憲法上の首相と内閣は、国会が制定した法律や決定した方針を執行する機能をもっている。首相自らが国会に対して〝施政方針〟を垂れるのは、本末転倒である。しかも、その施政方針の内容は、各省庁から寄せ集めた官僚の作文でしかないとすれば、国会は官僚の〝尻にしかれている〟としかいいようがないであろう。これでは、全く、逆である。首相は、憲法上の権限として、〝施政方針演説〟を行う資格はないというべきである。首相は、所詮、同輩中の首席でしかない。その国会に対して、首相が施政方針を大上段に垂れる権限があるはずはないであろう。

政党政治という今日の日本の実態を大前提とするならば、国会召集時には、施政方針ではなく、各政党による《国政政策表明演説》を行なうべきである。これに対して、内閣は、国会の《ご用聞き》に徹するべきである。首相とその閣僚は、各政党の政策表明演説に対して、その見解を表明する形こそが憲法の想定する国会と内閣の関係であるといわなければならないのである。内閣は、国会におけるそのようなご用聞きをベースにして、各種の情報を収集し、その〝予算案〟に盛り込むという形こそが、憲法が本来的に想定している国会と内閣の関係である。また、予算を「事業別」に編成すれば、国民に分りやすいものとなり、その組み換えも容易となるであろう。

国会の第一義的な課題は国会の誇りと名誉（プライド）を確立すること

国会の誇りと名誉（プライド）を確立することが、政党間の対立を超えた、国会の第一義的な課題であることを自覚しなければならない。いやしくも、国会の衿持を確立することを政争の具にしてはならない。国会は、まず、行政権に優越しているというケジメを、国会全体が共有しなければならないのである。

政権交代を目ざす政党政治という現実を大前提とするかぎり、政党間の政争は避けられないであろう。政党間で論争や闘争があることは、むしろ当然であると考えるべきである。

しかしながら、国会の衿持を確立することそれ自体は、政党間の政争の具にしてはならない。このことを、ここで、強調したい。それは、国会がその権威を自ら貶めることにつながるからである。

国会は、行政権を担う内閣と司法権を担う裁判所に対して、憲法上において優越的な権能をもっていることを、高らかに宣言し、かつ、これを具体的に展開することが求められている。そのためには、明治憲法体制としての官僚内閣制の下でつづけられてきたさまざまな慣行を抜本的に見直し、それらを改革していかなければならない。その基本的な改革視点は、「それは国民主権に反していないか」・「それを国民主権からすればどのように改革すべきであるか」ということに尽きる。また、そのためには、各議員の政治見識と政治熟度が求められている。

国会内閣制を実現するためには、国会法や内閣法を抜本的に改正して、これまでの国会と内閣の運用慣行を基本的に改革することが求められている。

同時に、国会事務局の拡充が求められている。国会事務局は、各省庁の権限に優越する権限を付与されるべきである。なぜならば、国会事務局は、国会の命令にもとづいて活動する機関だからである。

そのような改革によって、国会は、国民主権を具現化して、国民の《信託》に応えることのできるその本来的な権限を取り戻すことができるであろう。

これを、逆にいえば、これまでの国会は、国民主権に反してきたのであり、国民の《信託》に応えてこなかったといわざるをえないのである。国会は、これまでのさまざまな慣行を抜本的に見直し、国会法を改正して、出直すべき時である。国会には、《国民主権》国会となるために、徹底した自己改革が求められている。

あとがき

一九九二年に、いわゆるバブル景気が崩壊した後に、日本は〝平成大不況〟の一〇年を余儀なくされた。銀行不倒神話が崩壊して、銀行の倒産と救済が続発した。完全雇用神話が崩壊して、失業率が上昇し、大学新卒者の就職難時代が再来した。民間企業では、リストラという名の人員整理で非正規社員が増加し、フリーターやニートとよばれる若者が急増した。社会保障制度をふくめ、国、自治体ともに財政的危機に陥った。

このような事態は「ジャパン・システム」の崩壊とよばれた。そのシステムを支えていた大前提は、右肩上がりの経済成長と人口増加である。

戦後日本の六〇年代以降は、高度経済成長、つまり、右肩上がりの経済成長と人口増加はつづくであろうとする大前提にもとづいて、あらゆる社会・経済システムが構築されてきた。ところが、平成大不況のもとで、低迷する経済による国・自治体の税収不足と少子高齢化による人口減少傾向が明らかになる。これは、ジャパン・システムを支えていた二つの大前提が崩壊したことを意味する。

とくに、国の国債と借入金の合計残高が、二〇一三年末には一〇〇〇兆円にのぼる。これは、政府の一般会計予算の一〇年分にあたる。かつ、これに自治体の借入金残高二〇〇兆円を加えると、国と自治体の借入金残高は一〇〇〇兆円をはるかにこえる事態となっている。

この一五年間の日本の社会・経済状況は激変したのである。ところが、国の行財政構造は旧態依然のままで、そのような劇的変化に対応できないまま、今日に至っている。それは、各省庁の官僚たちが省益ないしその既得権に固執して、そのような劇的変化に対応しうる改革を阻んできたからである。

しかしながら、このままそのような事態を放置するならば、日本はほんとうに破産してしまうであろう。

このような事態をまねいてしまった責任の所在は、どこにあるのであろうか。このような事態をまねいた責任は、官僚内閣制にあるといわなければならない。官僚内閣制とは、明治時代からつづいてきた省庁別の分担管理型官僚統治である。ここでは、内閣はデコレーションにすぎず、閣議は〝花押〟の場でしかない。内閣の政策決定は、事実上、法制上にはない事務次官会議においてなされてきたのである。

後藤田正晴『政と官』（一九九四年、講談社）が描いている議院内閣制は、事実上は、官僚内閣制にほかならない。後藤田氏は、国権の最高機関としての国会について、〝政治的美称説〟をとりつつ、これとは表裏の関係にある官僚内閣制を日本における内閣制の慣行として正当化しているのである。

それでは、この一五年間の日本の劇的変化に対応しうる改革をそのような官僚内閣制に期待することができるのであろうか。そのように期待することは不可能であろう。そのような事態をまねいた張本人が官僚内閣制だからである。

官僚内閣制の下で、省庁は、その組織を肥大化させ、特殊法人等をつくって天下り先を拡張してきた。二〇〇五年四月時点で、二万人以上が三九〇〇団体に天下っている。また、複数の省庁にまたがる事案についての機敏な対応が不可能であることが露呈している。各種の公害病・薬害エイズ・アスベスト等の被害者救済については、これまでの分担管理型縦割り行政では機敏に対応することができないのである。その上、官製談合や公務員の汚職によって税金が浪費されている。

国会内閣制への転換が求められている理由がここにある。国会内閣制とは、国会主導、つまり、政治主導による内閣運用である。まず、国会が政策決定を行なう、つまり、法を制定する。ついで、内閣がこれを執行する。また、内閣を構成する大臣たちは、その所管省庁の省益代表としてではなく、国務大臣として国政全般への視点をもって閣議での討論を展開することが憲法の趣旨であると考えられる。〝花押内閣〟では、国会に対する内閣の連帯責任制は、論理的にも実態的にも成立しえないからである。閣議が、花押閣議を脱して、討論する閣議に転換するならば、国会に対する内閣の連帯責任制という憲法の趣旨を実現することができるであろう。

そのためには、国権の最高機関としての国会は、まさに国権の最高機関であるとする自覚をもつことが求められている。国会は、講壇法学や官僚法学のいう〝政治的美称説〟に甘んじている場合ではない。

国権の最高機関としての国会を〝政治的美称説〟として解釈するその根拠には、日本型の三権分立論がある。この説によれば、立法権・行政権・司法権は対等平等であって、相互にその横暴化を牽制することによって三権の間に均衡をもたらすことができる。これが、いわゆる抑制均衡理論である。

しかしながら、立法権に対して行政権と司法権が均衡すべき権力であると位置づけることは、憲法の趣旨を逸脱するものであると思われる。なぜならば、国民から《信託》を受けた国会（立法権）なくしては、内閣も裁判所も誕生することはありえないからである。国会が国権の最高機関であると位置づけられる根拠は、国民からの《信託》を受けているところにある。

従来の日本型の三権分立論は、そのような国権の最高機関としての国会の権能を著しく貶める学説にほかならなかった。今や、そのような三権分立論からの根底的な転換が求められている。

本書第五章でベンサム『憲法典』にふれたのは、そこで展開されている《最高立法議会》構想が日本型の三権分立論を見直す際の基本的論点になると思われるからである。

ベンサムは、権力分立論を根底的に拒否した。かれは、始終一貫して、一元的主権論を強調した。『憲法典』においては、最高構成権力をもつ国民から選挙された最高立法議会が国権の中で絶対的権限をもっている。内閣と裁判所は、最高立法議会の制定した法律を忠実に執行するその従属的機関にすぎない。

ベンサムの最高立法議会構想にあっては、首相は同議会の解散権をもたないし、裁判所は違憲法令審査権をもたない。その理由は、同議会が首相と司法大臣（日本でいえば最高裁判所長官）を選任するところにある。すなわち、同議会から選任された首相と司法大臣は、同議会の決定をくつがえす権限をもちえないのである。その理由は、同議会が主権者である国民の信託を受けているところにある。

日本国憲法における国権の最高機関としての国会は、ベンサムが構想した最高立法議会に類似していることを、あらためてここで再確認したい。

本書の執筆にあたり、松下圭一教授の『市民自治の憲法理論』（一九七五年、岩波新書）など一連の著作から大いなるご教示をいただいた。

また、本書の執筆にあたり、とくに石原信雄『官かくあるべし』（一九九八年、小学館文庫）、同『首相官邸の決断—内閣官房副長官石原信雄の２６００日』（二〇〇二年、中公文庫）、および成田憲彦『官邸（上下）』（二〇〇二年、講談社）を参考にさせていただいた。

石原氏は官僚トップとしての内閣官房副長官を長い間勤めており、成田氏は元国家公務員で駿河台大学教授である。

いずれも、いわゆる官僚内閣制を大前提として書かれたものである。しかし、そこには、官僚内閣制の実態がリアルに描かれており、本書の執筆に当り、たいへん参考となった。

しかしながら、現行の官僚内閣制を前提とするかぎり、この一〇年間以上にわたり〝行財政改革〟が声高に叫ばれてきたけれども、それは官僚組織の壁に阻まれて中途半端に終わらざるをえなかった。本格的な抜本的改革を実現するためには、官僚内閣制から国会内閣制に大転換するほかはないことをここで強調しておきたい。

なお、本書の原稿をワープロによって浄書をしていただいた娘の西尾はるなにも、謝意を表したい。

また、本書の出版をご快諾いただいた公人の友社の武内英晴社長に甚深な謝意を表する次第である。

二〇一四年四月

西尾　孝司

【著者紹介】

西尾　孝司（にしお・たかし）
1963 年　中央大学法学部政治学科卒業。
1972 年　法政大学大学院博士課程単位取得。
1973 年　政治学博士（法政大学）。
現　　在　神奈川大学法学部元教授。
専　　攻　近代イギリス政治思想史
主要著書　『ベンサム「憲法典」の構想』（1994、木鐸社）。
『ベンサムの幸福論』（2005 年、晃洋書房）。
『増訂　イギリス功利主義の政治思想』（1981 年、八千代出版）。
『ジェレミ・ベンサムの政治思想』（1987 年、八千代出版）。
『ベンサム倫理学・教育学論集』（2002、お茶の水書房）。
『現代政治と民主主義（増訂版）』（1999 年、晃洋書房）
共　　著　『近代政治思想史 (4)(5)』（1978 年、有斐閣）。
『現代思想とはなにか』（1996 年、龍星出版）。
翻　　訳　カメンカ／イアースーン・テイ編『人間の権利　その近代的形成と現代的展開』、（1984 年、未来社）。

「三権分立論」の虚妄性
国会は〈国権の最高機関〉である

2014 年 5 月 30 日　初版第 1 刷発行

著　者　西尾　孝司
発行者　武内　英晴
発行所　公人の友社
ＴＥＬ 03-3811-5701
ＦＡＸ 03-3811-5795
Ｅメール　info@koujinnotomo.com
http://koujinnotomo.com/

ISBN 978-4-87555-647-3